Koń

Clare Albinson

PORADNIK MIŁOŚNIKA

Natura koni

W jaki sposób konie się uczą?

W jaki sposób konie się porozumiewają?

Błędy w kierowaniu zachowaniem konia

Jak radzić sobie z nieposłuszeństwem konia?

BELLONA
Warszawa

Koń

PORADNIK MIŁOŚNIKA

Tytuł oryginalny
In Harmony with Your Horse

Przełożył z angielskiego
JAKUB KLINGOFER

Okładka i strona tytułowa
ROMAN KIRYLENKO

Redaktor prowadzący
ZOFIA GAWRYŚ

Redaktor techniczny
BOŻENA NOWICKA

Korekta
RENATA KUFIRSKA-BIEGAJŁO

Bellona SA prowadzi sprzedaż wysyłkową wszystkich swoich książek z rabatem.
www.ksiegarnia.bellona.pl
Nasz adres: Bellona SA
ul. Bema 87, 01–233 Warszawa
Dział Wysyłki: tel. 22 457 03 02, 22 457 03 06, 22 457 03 78
fax 22 652 27 01
biuro@bellona.pl
www.bellona.pl

ISBN 978-83-11-12346-5

DLACZEGO NAPISAŁAM TĘ KSIĄŻKĘ

Konie powinno się szkolić tak, by nie tylko darzyły miłością swych jeźdźców, ale nie mogły się doczekać spotkania z nimi.

Ksenofont, 400 r. p.n.e.

Musimy dążyć do głębszego zrozumienia natury naszego konia, jego sposobów komunikacji i mechaniki jego ciała.

Niezmiernie ważne jest, abyśmy dostrzegli efekt, jaki na to wywieramy.

Dzięki tej wiedzy możemy liczyć na szczęśliwszą koegzystencję i bardziej owocną współpracę.

Autorka

Wszyscy pobieraliśmy lekcje, czytaliśmy książki i chodziliśmy na wykłady. Staramy się zrozumieć przekazywaną wiedzę i zastosować się do rad, a mimo to wciąż nie potrafimy szkolić koni tak jak najlepsi trenerzy. Dlaczego? Jaka jest magiczna receptura? Z pewnością nie brakuje nam poświęcenia, ponieważ jeźdźcy to zwykle osoby bardzo oddane swojej pasji. Zazwyczaj jesteśmy dobrze poinformowani, wielu z nas ogląda filmy szkoleniowe i czyta literaturę przedmiotu, pobiera niezliczone lekcje, a sukces jest wciąż nieosiągalny. Dlaczego tak się dzieje? Doszłam do wniosku, że pomimo dostępności informacji, nie potrafimy ich w pełni zrozumieć. Być może bardziej przystępne wyjaśnienia pomogą nam, borykającym się z problemami jeźdźcom, szybciej przyswoić wiedzę.

Książka ta ma swój początek w wykładach na temat ujeżdżenia, które prowadziłam kilka lat temu dla członków naszego lokalnego Pony Club. Przyszły mi wtedy do głowy wyjaśnienia, które przedmiot rozważań zaskakująco uprościły. Pod koniec serii wykładów byłam zdumiona, bo również ja lepiej zrozumiałam to, co opisywałam. Skupiłam się na informacjach dotyczących równowagi między jeźdźcem i koniem, tego, w jaki sposób można ją poprawić przez odpowiedni trening i jak równowaga jeźdźca wpływa na utrzymanie równowagi przez konia. Zrozumienie tego jest fundamentalne dla szkolenia koni.

Zdałam sobie sprawę, że musimy także poszerzać wiedzę na temat psychiki koni. Powinniśmy wiedzieć, w jaki sposób konie odnoszą się do siebie i komunikują ze sobą, a co za tym idzie, także z nami. Musimy stworzyć techniki treningu, korzystne zarówno dla nas, jak i naszych koni. Dzięki lepszemu zrozumieniu końskiego umysłu i poprawie komunikacji rzadziej powinno dochodzić do nieporozumień, a związek pomiędzy nami a zwierzętami powinien się wzmocnić. Szkolenie stanie się wtedy przyjemniejsze i bardziej produktywne. Zrozumienie instynktownych zachowań koni oraz wykorzystanie tej wiedzy podczas treningów może przynieść nieocenione korzyści zarówno dla postępów w pracy, jak i radości związanej ze szkoleniem.

Książka ta powinna umożliwić Ci także lepsze zrozumienie umysłu i zachowania Twojego konia. Jeśli dowiesz się więcej o jego osobowości, odkryjesz łagodniejsze i bardziej inteligentne podejście do szkolenia koni i zajmowania się nimi, zyskasz nową perspektywę, która pozwoli Ci w pełni cieszyć się kontaktem z tymi wspaniałymi zwierzętami.

Rozdział I

NATURA KONI

Jeśli zrozumiesz naturę i zachowanie koni, będziesz mógł w pełni wykorzystać relację z nimi, zarówno na płaszczyźnie przyjacielskiej, jak i w sporcie. Gdy wiesz, jak reagują w danych okolicznościach i dlaczego, szkolenie ich staje się prostsze i bardziej efektywne. Ponieważ lepiej rozumiesz te zwierzęta, twój związek z nimi staje się bliższy i tym przyjemniejsze stają się wzajemne relacje!

Konie mają wiele zachowań wrodzonych. To zachowania instynktowne, które pochodzą z czasów życia na wolności. Rozwijały się przez tysiące lat, aby konie były w stanie przetrwać w trudnym, okrutnym środowisku. Choć konie udomowiono dawno temu, zachowania instynktowne nie zanikły. Musimy postarać się to zrozumieć, ponieważ stanowią one część końskiej natury w takim samym stopniu, jak potrzeba jedzenia czy snu. Musimy zbadać je i przyjrzeć się im uważnie, ponieważ od nich zależą postępy w szkoleniu. Nie da się zwalczyć natury koni. Musimy konie zaakceptować, zrozumieć i pracować z nimi nie, próbując ich zmieniać.

Aby szkolić konie efektywnie, musimy zrozumieć sposób, w jaki się uczą, i opierając się na tym, stworzyć jak najlepsze metody treningu.

Ludzie często popełniają błąd, jakim jest podejście antropomorficzne – lubimy nadawać naszym zwierzętom ludzkie cechy charakteru. Nie wolno wpaść w tę pułapkę i uwierzyć, że konie myślą i zachowują się tak jak my. Musimy być świadomi ich prawdziwej natury. Oczywiście istnieją podobieństwa pomiędzy ludźmi i końmi – potrzeba towarzystwa, porządku społecznego oraz mowa ciała. To głównie tym podobieństwom zawdzięczamy tak dobre porozumienie ludzi i koni.

Spokojne i towarzyskie usposobienie a przetrwanie

Konie są z natury stworzeniami łagodnymi – jedzą trawę i nie zabijają innych zwierząt. Zwykle nie stosują agresji, by przetrwać. W obliczu zagrożenia ratują się ucieczką i dzięki szybkości, z jaką biegają, umykają większości drapieżników.

Głównym celem życia koni jest przetrwanie – zarówno jako jednostek, jak i gatunku. Aby przetrwać jako gatunek, muszą się rozmnażać. Aby przetrwać jako jednostki, muszą być w stanie znaleźć jedzenie i rozpoznać drapieżnika, usłyszeć go bądź zobaczyć, i uciec. Dlatego właśnie są zwierzętami stadnymi. Jest to kluczowe dla ich przetrwania. Wszyscy członkowie stada wypatrują potencjalnego niebezpieczeństwa. Ponieważ stado liczy wiele koni, gdy się pasą, każdy patrzy w innym kierunku. Dzięki temu mają lepszą możliwość zobaczenia, usłyszenia bądź wyczucia zagrożenia niż pojedyncze zwierzę. Grupa zniechęca także potencjalnego drapieżnika, który mógłby zaatakować samotne bezbronne zwierzę, ale nie stado. Samotny koń nie przetrwałby długo na wolności, i o tym wie. Drapieżnik może zaatakować go i zabić, jeśli nie ma ochrony stada. Jeśli koń jest częścią grupy, drapieżnik wie, że połączone siły członków stada mogą z łatwością go pokonać i prawdopodobnie zranić. Trzyma się więc z daleka.

Koń ma zatem silny instynkt przynależności do grupy. W naturalnym środowisku odizolowanie może oznaczać śmierć. Z tego powodu wszystkie konie łakną towarzystwa. Ten właśnie instynkt – potrzeba towarzystwa i przynależności do grupy – sprawia, że grupa trzyma się razem, i stanowi podstawę jej hierarchii. Konie w grupie wzajemne dbają o siebie, co umacnia ustalony porządek stada. Najpierw dotykają się nosami, po czym – o ile żaden z nich nie okazał sprzeciwu – wiskają[1] sobie grzywy, kłąb, a czasem zad. W ten sposób okazują przyjaźń i zapewniają, że będą się troszczyć o siebie nawzajem. Proces ten inicjuje lub wzmacnia ich związek, co nakazuje im wzajemną dbałość i wzmaga chęć pozostania razem jako grupy. Często opisywany jest też jako nawiązywanie więzi uczuciowych. Konie w stadzie przypominają członków dużej rodziny, kochają się i dbają o siebie nawzajem (choć niekoniecznie się lubią!). Zawiązują także trwałe przyjaźnie pomiędzy sobą. Często zdarza się to w przypadku koni w podobnym wieku i tej samej płci. Przypominają w tym ludzi. Podczas rytuału wiskania puls obydwu koni spada, ponieważ stają się one bardziej rozluźnione. Konie w końcu wiskają się ze wszystkimi członkami swojej grupy, co wzmacnia więź pomiędzy nimi. Wiskają się jednak z pozostałymi członkami grupy o wiele rzadziej niż ze swoimi przyjaciółmi. Przyjaźnie te są bardzo ważne dla koni. Koń oddzielony od swego „przyjaciela" będzie okazywał silną potrzebę połączenia się z nim, objawiającą się głośnym wzywaniem i pobudzeniem[2].

Kiedy konie inicjują lub potwierdzają swoje wzajemne relacje, często dotykają się nosami. Pysk i nos konia są bardzo wrażliwe na dotyk i zapach. To najbardziej wrażliwa część końskiego ciała. Znajdują się tam zakończenia nerwowe, które przesyłają do mózgu szczegółowe informacje na temat powierzchni i zapachu badanego obiektu. Pomaga to koniowi wykonywać pyskiem delikatne zadania, takie jak wybranie najlepszej trawy z chwastów[3].

Nos i pysk to pierwsze części ciała, do których koń dopuści innego konia, zanim pozwoli mu przejść dalej. Koń posługuje się

---

[1] Wiskanie – delikatne chwytanie i skrobanie zębami. (Wszystkie przypisy – Hanna Sokół).

[2] Warto mieć na uwadze końskie przyjaźnie, ponieważ para koni razem pracuje bardziej wydajnie, w przypadku rozłączenia zaś wydajność koni spada.

[3] Należy pamiętać, aby nigdy nie obcinać znajdujących się na pysku włosów czuciowych, ponieważ koń będzie się wtedy niepewnie poruszał w swoim otoczeniu.

wyciągniętym nosem i pyskiem, aby wyczuć, jakie jest to drugie zwierzę – trzyma je na dystans, dopóki się nie upewni. Gest ten przypomina nieco ludzki uścisk dłoni. Konie dotykają się i okazują sobie nawzajem uprzejmość i przyjaźń, ale w rzeczywistości cały czas się sprawdzają. Nos i pysk służą koniom także do okazywania wsparcia (i być może czułości) innym koniom, jak wtedy, gdy klacz dotyka źrebię. Następnym etapem wpuszczenia innego konia w swoją przestrzeń osobistą, jest wzajemne wiskanie. Teraz przypominają najlepszych przyjaciół, obejmujących się ramionami.

Ponieważ jest to tak ważna część ich przetrwania, zwierzęta te są zaprogramowane, by okazywać silną potrzebę szukania towarzystwa innych koni. Jeśli pozbawi się je końskiego towarzystwa, niezwłocznie nawiążą podobne przyjaźnie z innymi zwierzętami, włączając w to ludzi. Ich silna potrzeba towarzystwa pokonuje w końcu potrzebę towarzystwa innych koni, dzięki czemu mogą nawiązać więź w zasadzie z każdym. Ich instynkt mówi im, że aby przetrwać, muszą mieć towarzystwo, nawet jeśli nie będzie to inny koń.

Rozpoznawanie

Zdolność rozpoznawania innych jest niezwykle istotna, jeśli ten system społeczny ma działać. Bez wątpienia konie mają zauważalną zdolność rozpoznawania innych koni, używając zmysłów wzroku, słuchu i węchu, które są u nich dobrze rozwinięte.

Dominacja

W obrębie grupy konie tworzą hierarchię. Każdy z koni wie, jaka jest jego pozycja wobec innych koni z grupy w różnych okolicznościach. Dominacja oparta jest na groźbie użycia siły ze strony dominującego konia oraz strachu zwierzęcia podporządkowanego. (Występuje to wśród ludzi u społeczności prostych, ale w społeczeństwie bardziej cywilizowanym przemoc lub groźba użycia przemocy zastąpione zostały bardziej zewnętrznymi oznakami nadrzędności, takimi jak świadczący o wykształceniu sposób wypowiadania się czy drogi samochód). Ustalenie dominacji pomiędzy końmi pozwala uniknąć siły. Każde zwierzę zna swoje miejsce w hierarchii i uznaje dominację innych osobników, aby uniknąć ataku. Często wystarczy, gdy dominujący koń kładzie uszy po sobie, aby przypomnieć innemu koniowi o jego podległym miejscu. Czasem dominacja jednego zwierzęcia może zostać podważona przez inne, szczególnie gdy młode konie dojrzewają, a starsze słabną. Prawdopodobnie koń zajmujący niższe miejsce w hierarchii ma oczy otwarte na słaby punkt dominującego konia, choć, tak jak u ludzi, niektóre konie są szczęśliwsze, pozostając niżej w hierarchii. Życie tam często bywa łatwiejsze![4]

Czasem hierarchię tę zakłóca nawiązywanie więzi. Koń o niższej pozycji może nawiązać więź z koniem dominującym. Kiedy te dwa konie są razem, koń o niższej pozycji skorzysta z ochrony konia o wyższej pozycji i zyskuje respekt tych, które zwykle by go dominowały. Z tego powodu więź z dominującymi członkami stada, ich siła i ochrona, przynosi koniowi korzyści. Konie, podobnie jak ludzie, wybierają silnego dominującego przyjaciela. Dlatego właśnie ludzie powinni być silni i dominujący wobec swoich koni. Ich siła sprawia, że nawiązanie z nimi więzi staje się dla konia atrakcyjniejsze.

Koń a agresja

Dyscyplina i struktura społeczna są podstawowymi elementami życia koni, ale koń rzadko bywa agresywny bezpodstawnie. Posługuje się groźbą użycia siły, aby zachować swą dominację i czerpać korzyści ze swojej nadrzędnej pozycji, jak na przykład

[4] Należy jednak pamiętać, że hierarchia ta często bywa zakłócana przez ingerencję człowieka.

pierwszeństwo przy sianie. Jeśli jednak groźba ta zostanie zignorowana, użyje on siły, by utrzymać swą pozycję lub zapanować nad sytuacją. Koń często na przykład kopie w kierunku innego konia, nawet swoich „przyjaciół" bądź potomstwa, jeśli naruszy on jego przestrzeń bez pozwolenia. Klacz czasem gryzie swoje źrebię, gdy zachowuje się ono niewłaściwie lub ją denerwuje.

Klacz matka

Ponieważ konie są zwierzętami społecznymi, potrzebują w obrębie grupy kodu społecznego, który pozwoli im na spokojną koegzystencję. Hierarchia w połączeniu z systemem społecznym pozwala to osiągnąć, ale istnieje również potrzeba wyłonienia lidera grupy, czy też „policjanta" pilnującego przestrzegania kodu społecznego. Często rolę tę przejmuje klacz matka. Jest ona odpowiedzialna za utrzymanie porządku w grupie. Czasem posługuje się agresją, aby zdominować niesfornych członków stada. Jak zauważył „zaklinacz koni" Monty Roberts, w ekstremalnych przypadkach stosuje ona jako karę izolację i wypycha kłopotliwe zwierzę ze stada, trzyma z dala od grupy i pozbawia jej ochrony. Wykluczony koń, wiedząc, że grozi mu to śmiercią, w końcu sygnalizuje jej, że niewłaściwe zachowanie się nie powtórzy, a ona dopuszcza go z powrotem do stada.

Ogier

Główną rolą ogiera jest zapładnianie klaczy z jego stada. Używa on też swojej nadrzędnej siły, kiedy jest to konieczne, aby walczyć z innymi końmi, swoimi rywalami, oraz agresorami niebędącymi końmi. Jest odpowiedzialny za zachowanie jakości potomstwa grupy przez upewnienie się, że to on (jako najlepszy) jest ojcem. Natura nakłada na niego obowiązek utrzymania z dala od stada, a w razie konieczności pokonania, innych ogierów, aby zapobiec możliwości rozmnażania się klaczy z gorszymi samcami.

Zwierzęta uciekające

Pierwszą reakcją koni na zagrożenie jest ucieczka. Jeśli słyszą bądź widzą coś, czego nie znają, zamiast to badać, uciekają i później „zadają pytania". Jeśli czują ból, niemal zawsze instynkt podpowiada im ucieczkę zamiast zwalczania przyczyny bólu.

Pamięć

Konie mają wyjątkową pamięć – podobnie jak słonie, nigdy nie zapominają. W naturalnych warunkach posługują się pamięcią, aby odnaleźć źródła wody i dobre pastwiska. Pamiętają także i rozpoznają swoich towarzyszy. Nigdy nie zapominają niczego, czego raz się nauczyły, ani twarzy, ani miejsca, ani złego doświadczenia.

Komunikacja

Konie mają ograniczone możliwości porozumiewania się za pomocą dźwięków. Jest to zazwyczaj rżenie (o różnym natężeniu) oraz kwik. Ponieważ są to zwierzęta stadne, muszą komunikować się ze sobą lepiej, niż pozwala na to ów ograniczony język dźwięków. Z tego powodu wytworzyły sposób komunikowania się ruchami ciała i pyska. Czasem ta mowa ciała jest łatwa do odczytania, jak wtedy, gdy koń odsłania zęby lub zwraca się zadem w stronę ofiary. Czasem są to znaki bardzo subtelne, jak wtedy, gdy koń opuszcza głowę, aby uniknąć konfrontacji. Ponieważ zagadnienie to jest bardzo istotne i złożone, poświęciłam mu osobny rozdział (Rozdział IV).

Węch

Konie mają zmysł węchu znacznie lepiej rozwinięty niż ludzie. Mogą określić, kto przechodził obok, nawet gdy minęło sporo czasu. Jeśli wiatr wieje we właściwym kierunku, mogą określić, gdzie znajduje się owo zwierzę, nawet jeśli jest w znacznej odległości. Jeżeli przechodzący koń pozostawi na ziemi swoje odchody, inny koń może go dzięki nim rozpoznać, nawet jeśli zostały przykryte przez odchody drugiego konia. Konie rozpoznają zapach innych koni i zwierząt na naszym ubraniu, a nawet zapach znanych im miejsc[5].

Częste wystawienie na działanie danego bodźca

Kiedy konie poddawane są wielokrotnie działaniu bodźców, które zwykle wywołałyby w nich strach, ale w efekcie nie prowadzą do skrzywdzenia ich, uczą się je ignorować. Jeśli na przykład pasące się konie usłyszą głośny dźwięk na sąsiednim polu, bez wątpienia ruszą do ucieczki. Ale jeżeli dźwięk ten powtarzałby się codziennie, a konie nie doznałyby z jego powodu żadnej krzywdy, po tygodniu przestałyby uciekać. Stałoby się tak dlatego, że dźwięk nie był powiązany z zagrożeniem, nie ma więc sensu marnować energii na ucieczkę. Typowym przykładem jest pastwisko obok linii kolejowej. Z początku koń jest przerażony widokiem i dźwiękiem wydawanym przez pociąg. Po kilku dniach nawet nie podnosi głowy, gdy pociąg przejeżdża. Ważne jest, aby powtarzać dany dźwięk (czy inny bodziec) wielokrotnie w krótkim czasie. Jeśli bowiem konie poddane będą działaniu danych bodźców tyle samo razy, ale przez dłuższy czas, a zatem rzadziej, nie przyzwyczają się do nich. Jeśli hałas będzie się powtarzał raz w miesiącu, przez sześć czy siedem miesięcy, konie zapewne nadal będą uciekać za każdym razem, gdy go usłyszą.

[5] Choć u koni dzikich nie zdarza się, żeby spożyły trujące rośliny, ponieważ chroni je przed tym doskonały węch, powinniśmy pamiętać, że ten instynkt u koni hodowlanych zanikł. Nasze wierzchowce mogą mieć za to upodobania związane z lubianymi bądź nielubianymi zapachami: niektóre będą piły wodę tylko ze swojego wiadra, inne nie tolerują zapachu perfum jeźdźca.

W jaki sposób konie się uczą?

Konie w bardzo bystry sposób potrafią łączyć wydarzenia. Uczą się, czego oczekiwać w danej sytuacji i w jaki sposób reagować. Wyobraź sobie, że koń usłyszał warczenie psa, który potem podbiegł i go ugryzł. Koń zapamięta to i za każdym razem, gdy usłyszy warczenie psa, najpierw się od niego odsunie, na wypadek gdyby zwierzę zamierzało go ugryźć.

Dominujący członek stada może kłaść uszy po sobie, kiedy inny koń podejdzie zbyt blisko. Jeśli mniej dominujący członek stada nie był świadom tego sygnału i nie usunął się z drogi, prawdopodobnie zostanie kopnięty. Nauczy się przez powiązanie faktów, że kiedy koń kładzie uszy do tyłu, oznacza to, że należy trzymać się z daleka. Innymi słowy, koń uczy się, że jeśli coś się dzieje, często następuje po tym określone zdarzenie. Jeżeli koń nauczy się, że coś, co nigdy nie stanowiło zagrożenia, teraz nim jest, może ocalić życie, ucząc się, że należy uciekać przed nowym niebezpieczeństwem. Podobnie, jeśli nauczy się, że coś, co dawniej było niebezpieczne, teraz takie nie jest, oszczędzi cennej energii, nie uciekając już przed tym.

Wzrok

Wzrok koni różni się od naszego. Pole widzenia tych zwierząt wynosi niemal 360°. Nie widzą jedynie około 3° tuż za swoją głową.

Ponieważ oczy konia umiejscowione są po bokach głowy, nie widzi on również niewielkiego trójkąta przed swoim nosem. Prawe oko widzi niemal wszystko, co znajduje się tuż przed koniem, włączając w to około 32° na lewo od nosa konia. Widzi także bok konia oraz za nim, do miejsca, gdzie siedzi jeździec, ale jedynie jednym okiem. Lewe oko widzi odpowiednio po lewej stronie. Poza niewielkim martwym punktem tuż przed nosem, 65° przed sobą widzi on obojgiem oczu, a zatem wszystko w tym zasięgu widzi wyraźnie. Poza martwym punktem tuż za nim koń widzi wszystko tylko jednym okiem, lewym bądź prawym, co oczywiście oznacza, że nie widzi tak ostro, jak obojgiem oczu. Dzięki jednoocznemu widzeniu koń może widzieć z boku i niemal tuż za sobą. Im jednak dalej do tyłu, tym widzenie staje się mniej ostre. Obiekt za sobą widzi zniekształcony. Z tego powodu bardziej prawdopodobne jest, że koń przestraszy się tego, co ma za sobą, niż czegoś, co będzie znajdowało się z przodu, gdzie mógłby zobaczyć to wyraźnie. Jeśli koń nie jest w stanie zidentyfikować obiektu, będzie przypuszczał, że stanowi on zagrożenie, i wycofa się na pozycję, z której będzie mógł lepiej się mu przyjrzeć. Wzrok konia za dnia nie jest tak dobry jak nasz, ale dzięki budowie oka może on lepiej wykorzystać ograniczone światło nocne. Dzięki temu konie widzą w nocy o wiele lepiej niż my.

Zasięg wzroku konia

SŁUCH

Nic nie wskazuje na to, że koński słuch jest wyjątkowo dobrze rozwinięty lub lepszy niż nasz, jednakże konie niewątpliwie posługują się nim, aby wiedzieć, co się dzieje wokół nich, szczególnie w obliczu zbliżającego się zagrożenia. Końskie uszy są niezwykle ruchliwe, co w połączeniu z ich kształtem sprawia, że koń odbiera dźwięki nadchodzące z konkretnego kierunku. Jest również w stanie ustawić je w kierunku, z którego nadchodzi dźwięk, dzięki czemu słyszy lepiej.

Rozdział II

PRACA Z NATURĄ KONIA

Wiedzę, którą posiedliśmy na temat koni, teraz musimy zastosować do naszych relacji z nimi.

TRZYMAJMY SIĘ BLISKO NATURY

W swym naturalnym środowisku koń porusza się z grupą innych koni. Spędza cały dzień jedząc, odpoczywając i śpiąc. Swobodnie przechadza się i ma zapewnione ciągłe towarzystwo innych koni.

Użytkowanie koni przynosi korzyści nam, nie im, aby więc dopasować to do naszych potrzeb, zmieniamy ich środowisko. Zamiast paść się całymi dniami na łące, niektóre konie spędzają część lub całe swoje życie w stajni, jedząc siano i paszę. Pożywienie o lepszej jakości zwiększa ich wydajność, a ograniczony czas jedzenia sprawia, że ich możliwy czas pracy wydłuża się. Nieuniknione jest więc, w mniejszym lub większym stopniu, zmuszenie koni do życia w nienaturalnym środowisku. Ale im bardziej ingerujemy w ich naturalny sposób życia, tym bardziej ryzykujemy, że spowoduje to szkody w psychice koni, przejawiające się w złych nawykach, narowach, napięciu itd. Jeśli utrzymamy ich warunki bytowe jak najbardziej zbliżone do naturalnych, koń będzie miał bardziej zrównoważoną osobowość.

Niektórzy właściciele koni rzadko wypuszczają zwierzęta ze stajni poza czasem pracy. Ma to zachować ich energię i entuzjazm do pracy oraz zapobiec możliwym zranieniom, gdy koń będzie biegał po pastwisku. Gdyby owe konie miały możliwość wybiegania się codziennie przez co najmniej godzinę czy dwie, z pewnością byłyby szczęśliwsze, zdolne pracować ciężej i wydajniej. Niemniej jednak istnieją konie, które przyzwyczajają się do ciągłego przebywania w stajni niczym kaczki do wody, silnie opierając się potencjalnemu ryzyku, jakie przynosi żywioł – szczególnie deszcz!

Nie zawsze jest to możliwe, ale jeśli możemy również zapewnić naszym koniom na pastwisku towarzystwo, najlepiej innych koni, będą o wiele szczęśliwsze. To naturalny styl życia dla tego gatunku, dzięki temu będą spokojniejsze. Oczywiście istnieją wyjątki od tej reguły i niektóre konie wybierają samotne życie, szczególnie gdy ubóstwiający je właściciele poświęcają im wiele uwagi.

Istnieje także pewna okrutna tradycja, która każe odstawiać źrebięta od matek i zamykać je w stajni na całe dnie bez żadnego towarzystwa. Źrebięta te są przerażone i przeraźliwie samotne. Praktyka ta jest zupełnie pozbawiona sensu. Jeżeli źrebię na pastwisku ma towarzystwo, do którego jest przyzwyczajone i z którym dobrze się czuje, lepiej zniesie rozłąkę z matką. Szok rozdzielenia można również zmniejszyć przez odstawianie źrebięcia na krótko przed jego całkowitym odstawieniem od matki.

Posługiwanie się kodem społecznym koni

Sposób, w jakie konie odnoszą się do siebie, jest wyjątkowy. Ich system dyscypliny i społeczny ład ułatwiają nam osiągnięcie dominacji nad nimi, abyśmy mogli je szkolić. Uczą się przez skojarzenia. Wystawianie na działanie danych bodźców czyni konie pojętnymi uczniami. Ich kod społeczny sprawia, że możemy łatwo stać się jego częścią.

Istotę tego społecznego uwarunkowania potwierdza zachowanie źrebiąt, które są wychowywane przez ludzi. Często, gdy dorastają, trudno nad nimi zapanować. Można odnieść wrażenie, że uważają się za ludzi, nie za konie, i starają się działać wedle naszych zasad. Nie nabyły umiejętności społecznych właściwych koniom, dzięki którym jesteśmy w stanie je szkolić. Nasuwa się więc pytanie, jak należy zajmować się młodymi końmi, szczególnie źrebiętami. Czy istnieje możliwość, że zakłócamy proces nabywania umiejętności społecznych od innych koni? Czy powinniśmy pozwolić naturze iść własnym tempem i zbierać profity później, czy może młode konie czerpią korzyści z częstego kontaktu z ludźmi? Przypuszczam, że więcej korzyści przynosi jednak zajmowanie się młodymi zwierzętami, pod warunkiem że odbywa się to z właściwym szacunkiem dla dyscypliny i społecznego porządku tego gatunku. Jeśli bowiem, zajmując się młodym koniem, nie wymusisz dyscypliny właściwej w stadzie, może to być zła lekcja dla konia. Jeśli pozwolisz źrebięciu myśleć, że koń może zdominować człowieka, trudno będzie to potem zmienić.

Główny cel końskiego życia nie zmienił się wraz z udomowieniem. Konie ciągle mają silny instynkt przetrwania jako gatunek i jako jednostki – podobnie jak wszystkie zwierzęta. Oczywiście popęd seksualny pozostał nienaruszony, dlatego kastruje się młode ogiery, nieprzeznaczone do celów rozpłodowych. Obawiamy się bowiem, że popęd może je rozpraszać, przez co staną się mniej przydatne dla nas.

Ich instynkt podpowiada im, że jeśli chcą przetrwać jako jednostki, muszą znaleźć jedzenie, wodę i towarzystwo. Życie w warunkach udomowienia przez człowieka zwykle zapewnia im te trzy rzeczy.

Porządek społeczny

Występująca u koni potrzeba towarzystwa i nawiązywania więzi istnieje również w warunkach udomowienia. Ponieważ jesteśmy ich bliskimi towarzyszami, będą one nawiązywać z nami więzi tak samo, jak robiłyby to z innymi końmi. Część procesu nawiązywania więzi między końmi stanowi wiskanie szyi i grzywy. Kiedy czeszecie swojego konia, nie tylko czyścicie go, ale kultywujecie więź pomiędzy wami. Konie wiskają miejsca, do których dopuszczają się wzajemnie. Kiedy szczotkujemy konia czesząc całe jego ciało, naruszamy te granice. Konie często są temu niechętne. Zmuszając je, aby to zaakceptowały, zapoczątkowujemy bądź wzmacniamy wzajemne zaufanie i naszą dominację nad nimi. Ma to również miejsce, gdy głaszczemy konia[6].

Jeśli jesteśmy dość odważni, by stawić czoło koniom i zdominować je, czyni nas to bardziej pożądanymi przyjaciółmi. Konie wiedzą, że będziemy także dość silni i odważni, by je chronić. Dopóki utrzymamy ową dominację i siłę, dopóty ich pragnienie utrzymania przyjaźni z nami nie zniknie. Jeśli dodać to do bliskości, jaką osiągamy nawiązując więź z naszymi końmi, otrzymamy idealną kombinację, dzięki której będziemy mieć szczęśliwego, uległego konia.

Nos i pysk konia mają wiele wspólnego z ludzkimi dłońmi. Kiedy poznajemy nowego konia bądź witamy się z naszym koniem i kładziemy dłoń na jego nosie, on rozumie to jako powitanie. Chcemy, aby wpuścił nas do swojej osobistej przestrzeni i przyjął nas jako przyjaciół. Naśladujemy w ten sposób naturę i sprawiamy, by czuł się jak najbardziej komfortowo w naszym towarzystwie. Następnym etapem powitania jest czesanie konia, szczególnie w okolicach grzywy i szyi. Wiemy, że rytm jego serca zwolni się, a koń uspokoi się w naszym towarzystwie. Tak jak konie wzmacniają więź pomiędzy sobą wiskając się wzajemnie, tak my możemy wzmocnić więź z nimi czesząc i głaszcząc je.

[6] Należy pamiętać, aby czesać lub szczotkować konia od szyi do zadu, w takiej samej kolejności, w jakiej dopuszcza on do siebie innego konia.

DOMINACJA, SYSTEM HIERARCHICZNY I POSZUKIWANIE SILNEGO PRZYJACIELA PRZEZ NAWIĄZYWANIE WIĘZI

Konie najchętniej nawiązują więź z tymi końmi, które znajdują się dużo wyżej w hierarchii, silnymi i dominującymi. W ich obecności zyskują status społeczny, a w obliczu zagrożenia ich ochronę. Przez nawiązywanie więzi z końmi możemy osiągnąć bliskość zwykle zarezerwowaną dla innych koni. Być może nawet więcej, ponieważ dostarczamy im pożywienia i przyjmujemy rolę dominującego trenera. Jeśli będąc dominującym, silnym trenerem potrafimy zastąpić dominującego konia, nasz koń będzie zadowolony z naszego towarzystwa. Możemy stać się jego wyjątkowym przyjacielem, któremu będzie chciał być posłuszny, aby zachować naszą przyjaźń, gwarantującą mu ochronę.

Koń będzie szukał naszego towarzystwa z uwagi na siłę, jaką okazujemy przez dominację nad nim. Niczym dziecko będzie się czuł przy nas bezpieczniejszy. Im jesteśmy przy nim silniejsi, im więcej decyzji za niego podejmujemy, tym koń będzie spokojniejszy. Czuje on bowiem, że będziemy się nim opiekować i mniej się denerwuje, bo nie musi sam na siebie uważać.

Mimo to koń często będzie sprawdzał twoją siłę, jeśli dostrzeże jakikolwiek przejaw słabości. Może starać się rzucić wyzwanie twojej nadrzędnej pozycji. Są ku temu dwa powody. Być może koń jest z natury jednostką dominującą i chciałby tobą rządzić. W tym przypadku może cię czekać pewnego rodzaju walka, a koń może próbować użyć siły, aby ustanowić swoją dominację. Cokolwiek by zrobił, musisz być gotowy udowodnić mu, że nie ma racji i że jesteś bardziej odważny. Konie często blefują, aby zyskać lepszą pozycję społeczną. Ludzie także mogą posłużyć się podobnym podstępem. Spróbuj przekonać konia, że jesteś dominujący, posługując się mową ciała. Czasami, niestety, konieczna okazuje się kara cielesna w celu potwierdzenia twoich racji, jeśli twój blef zostanie podważony.

Także twoje zachowanie może być powodem podważenia twojej dominacji. Jeśli okażesz słabość, koń może starać się osiągnąć pozycję nadrzędną. Być może wzdrygnąłeś się, gdy koń odwrócił się do ciebie zadem, i wyczuł twoje zdenerwowanie. Może on chcieć uzyskać pozycję nadrzędną bądź testuje cię, by sprawdzić, czy wciąż jesteś zdolny go zdominować. Jeśli jesteś w stanie utrzymać swą dominację, koń może być zadowolony, że nie straciłeś nic ze swej siły, i nadal możesz się nim opiekować. Przypomina to sytuację, gdy dziecko, któremu brak poczucia bezpieczeństwa, testuje siłę swoich rodziców. Kiedy dziecko źle się zachowuje, często jest to oznaka niepewności. Dziecko obawia się, że rodzice nie są dość silni, by sobie z nim poradzić i je chronić. Potrzebuje dyscypliny od rodziców jako dowodu, że są silni. Wyzwanie, jakie koń rzuca swemu panu, oparte jest na bardzo podobnym schemacie psychologicznym – koń nie chce pozbyć się władzy nad sobą, lecz przekonać się, że jego pan jest nadal dość silny, by się nim opiekować. W naturalnym środowisku konie bardzo często uciekają się do blefu. W środowisku sztucznym większość właścicieli koni posługuje się blefem, aby konie uznały, że są od nich silniejsi i bardziej niezłomni.

Jedną z najbardziej przydatnych końskich cech dla ich szkolenia jest ich instynktowne opieranie się na systemie hierarchicznym. Koń podporządkowuje swoją wolę woli dominującego konia. W relacji z koniem możemy zastąpić dominującego konia i stać się panem. Musimy wzbudzić uczucie strachu, że jesteśmy gotowi użyć siły, jeśli nie wykona naszego polecenia. Nie musimy skrzywdzić konia, żeby to osiągnąć, ponieważ konie wyjątkowo umiejętnie odczytują mowę ciała. Przyswajamy ich język ciała, na szczęście często podobny do naszego, aby okazać im naszą nadrzędność. Na przykład, jeśli jesteś pewien swoich umiejętności radzenia sobie z koniem, wchodź pewnym krokiem do stajni z podniesioną głową, utrzymując kontakt wzrokowy z koniem. Nie bądź zdenerwowany ani nie wahaj się, zajmując się nim (patrz Rozdział IV). Konie traktują takie zachowanie jako przejaw dominującej osobowości i większość z nich zaakceptuje je. To, czy rzuci nam wyzwanie, czy nie, zależy w dużym stopniu od jego wrodzonej odwagi i pewności siebie. Jeśli to uczyni, musisz być gotowy na natychmiastowe potwierdzenie realizacji groźby, którą sygnalizowałeś. Jeśli na przykład koń cię kopnął lub ugryzł albo zagroził, że to zrobi, solidny klaps jest nie tylko wybaczalny, ale i konieczny. Musisz potraktować konia tak, jak potraktowałby go inny koń. Nie rozumie on innego zachowania. Musisz pozostać jego panem, bo w przeciwnym wypadku on stanie się twoim, i będziesz zdany na jego łaskę. Konie, którym pozwoli się zyskać władzę, mogą stać się niebezpieczne, a zawsze trudno się je szkoli.

Użycie siły

Konie posługują się siłą lub groźbą jej użycia, aby ustalić swoją pozycję wobec innych koni. Kiedy konie spotykają się po raz pierwszy, muszą dowiedzieć się, który z nich będzie dominujący. Jeżeli jeden z koni uważa się za „szefa”, prawdopodobnie użyje wszelkich dostępnych mu środków, aby przekonać drugiego konia, że jest silniejszy i bardziej odważny. Zapewne będzie starał się być jak najwyższy, unosząc głowę i szyję, żeby wydawać się jak największy. Czasami to wystarcza, aby trzymać drugiego konia na dystans, nie potrzeba nic innego, by przekonać drugiego konia o swej nadrzędności i obejdzie się bez agresji. Jeśli drugi koń także zamierza ubiegać się o pozycję dominującą, pręży się, osiągając maksymalny wzrost, oba konie zapewne zbliżą się do siebie. Rozpoczyna się konkurs kwiku, który może załatwić sprawę, gdy koń mający najgłośniejszy, najodważniejszy kwik zostanie uznany za dominującego. Jeśli nie wyłoni się lidera w ten sposób, konie mogą walczyć. Kiedy przejdą już przez ten jeden lub wszystkie etapy, zostaje ustalone, który z nich jest dominujący, a konie zwykle przechodzą do pokojowej koegzystencji.

Z uwagi na ową możliwość walki pomiędzy końmi, które widzą się po raz pierwszy, trzeba zachować ostrożność, kiedy wpuszcza się nowego konia na pastwisko z innymi końmi. Jeżeli ma dojść do walki, będzie miała ona miejsce w ciągu pierwszych dwóch dni. Kiedy już ustalą, kto jest szefem, konie zazwyczaj dobrze ze sobą współżyją. Podczas tych pierwszych dni musisz bacznie przyglądać się koniom. Jeśli dostrzeżesz charakterystyczne objawy przygotowania do walki, bez narażania siebie postaraj się rozdzielić zwierzęta. Jeśli to możliwe, pozwól koniom na pierwsze spotkanie przez ogrodzenie, żeby mogły ustalić hierarchię bez wyrządzania sobie krzywdy i powodowania u swych właścicieli zawału serca!

Uciekające zwierzęta

Konie zwykle uciekają przed bólem bądź jego groźbą. Zazwyczaj nie konfrontują się z przyczyną bólu. Przeważnie cecha ta ułatwia szkolenie koni, choć czasem instynkt ucieczki powoduje, że zachowują się dziwnie. Zdarza się to, gdy wędzidło sprawia koniowi ból. Kiedy jeździec każe koniowi zwolnić bądź zatrzymać się, a wędzidło sprawia zwierzęciu ból, koń może przyspieszyć zamiast zwolnić. Czasami się zdarza, że jeździec mocniej ściągnie wodze, a koń zacznie biec jeszcze szybciej. Ucieka on bowiem od bólu i nie zdaje sobie sprawy, że jedynie pogarsza swoją sytuację.

Koń będzie także uciekał od źle dopasowanego siodła.

Te sytuacje mogą sprawić, że koń nie będzie poddawał się kontroli jeźdźca, a tym samym stanie się potencjalnie bardzo niebezpieczny.

PAMIĘĆ

Musimy zawsze mieć na względzie doskonałą pamięć konia. Jeśli w jakichś okolicznościach ucierpiał, będzie pamiętał o tym cierpieniu i jego przyczynie. Niezwykle ważne jest więc, aby nauka była dobrym doświadczeniem. Kiedy koń postępuje zgodnie z naszą wolą, powinniśmy sprawić mu przyjemność nagrodą, na przykład przerywając pracę. Musimy również unikać złych doświadczeń. Jeśli koń zostanie niesprawiedliwie ukarany podczas szkolenia (szczególnie klacz), skojarzy karę z tym, czego starasz się go nauczyć. Prawdopodobnie zepsuje to tę część szkolenia na dłuższy czas.

Jeśli sprawimy, że koń będzie miał pozytywne skojarzenia z naszym szkoleniem i obchodzeniem się z nim, to również pozostanie w jego pamięci na długo. Powinniśmy dbać o to, aby koń miał pozytywne skojarzenia ze wszystkim, co z nim robimy, jeśli chcemy ułatwić życie i sobie, i jemu. Siodłanie i szczotkowanie konia mogą być dla niego dobrymi lub złymi doświadczeniami, podobnie jak wstawianie do boksu, robienie zastrzyków i czyszczenie kopyt. Wszystko zależy od sposobu, w jaki się nim zajmujemy przy tych okazjach, oraz przyjemności, jaka towarzyszy tym potencjalnie nieprzyjemnym doświadczeniom. Jeśli koń zachowuje się niewłaściwie, ponieważ boi się lub czuje ból, a ty zdenerwujesz się na niego lub uderzysz go, sprawisz, że następnym razem jego zachowanie będzie jeszcze gorsze. Podczas gdy początkowo myślał, że ma powody do obaw, na przykład, kiedy zakładasz mu siodło, teraz jest pewien, że ma się czego bać, ponieważ potwierdziłeś jego obawy sprawiając mu ból.

Pamięć koni można wykorzystać także w inny sposób. Kiedy na przykład chcemy nauczyć konia przejścia i każemy mu to robić za każdym razem w tym samym miejscu, będzie tego oczekiwał, gdy zbliży się do tego miejsca. Może to mieć zarówno pozytywne, jak i negatywne skutki. Może ułatwić szkolenie, ale też sprawić, że koń będzie przypuszczał, że oczekujemy od niego w tym miejscu wykonania danego zadania, niezależnie od tego, czy wydaliśmy mu takie polecenie, czy nie. Innymi słowy uczy się on przewidywania naszych poleceń. Po tym, jak nauczył się już polecenia, powinieneś kazać mu je wykonywać w różnych miejscach i upewnić się, by nie wykonywał przejścia, jeśli go o to nie poprosisz.

Częste wystawianie na działanie bodźców

Spotkaliśmy się już z sytuacją, gdy koń jest często wystawiany na działanie bodźca, który zwykle wywołałby strach, ale nie jest nigdy powiązany z bólem ani cierpieniem. W końcu koń uczy się go ignorować. Ma to oczywiste potencjalne korzyści. Jeżeli koń boi się ruchu drogowego, pozwól mu obserwować go z bezpiecznej odległości. Wkrótce zaakceptuje ruch uliczny jako coś normalnego i niestanowiącego zagrożenia. Jeśli koń jest zdenerwowany przed wystawą, zabieraj go często na wystawy, aż zrozumie, że nie ma powodów do obaw. Niedługo stanie się spokojniejszy. Jeżeli nie znosi wody, zapewnij mu jak najczęstszy z nią kontakt. Po niedługim czasie przekona się, że nie ma potworów, których mógłby się bać. Konie policyjne często narażone są na kontakt z tłumem i hałasem, agresywnym zachowaniem czy pożarem, a z czasem uczą się, że nie muszą się tego bać, ponieważ nie doznały z tego powodu żadnej krzywdy.

Wystawienie na działanie bodźców musi być jak najczęstsze w relatywnie krótkim czasie, jeśli koń ma je zacząć ignorować. Na przykład zmuszanie konia do przekroczenia wody tuż przed crossem nie ma żadnego sensu. Zapamięta bowiem użycie siły, ale zapomni, że woda nie wiąże się z niczym przerażającym. Jeśli kazałbyś mu przechodzić przez wodę codziennie, najlepiej w różnych miejscach, przez pięć czy sześć dni, koń zrozumie i zapamięta, że woda nie niesie z sobą żadnego niebezpieczeństwa. Pamiętaj także, aby unikać karania go przy przekraczaniu wody. Zapamiętałby on ból i skojarzył go z wodą, co tylko pogłębiłoby jego strach.

To samo odnosi się do innych czynności, za którymi konie nie przepadają, takich jak wchodzenie do przyczepy i podróż w niej. Wprowadź konia do środka używając jak najmniej siły, bez pośpiechu, i nagrodź go. Kiedy koń jest już w przyczepie, zapewnij mu mało uciążliwą i jak najkrótszą podróż. Za pierwszym razem zrób jedynie rundkę po okolicy, jadąc bardzo powoli. Kiedy koń wróci do domu po dziesięciu minutach i przekona się, że nie było tak źle, i powtórzy ten eksperyment kilkakrotnie, zapamięta, że podróż nie jest powodem do obaw.

Są jednak przypadki, gdy lekceważenie bodźców z powodu częstego wystawiania na nie przynosi skutki odwrotne do zamierzonych. Kiedy na przykład koń nie przyspiesza, jeździec nabiera zwyczaju ciągłego kopania go czy klepania nogami jego boków. Z początku koń wie, że gdy czuje nogi na swych bokach, oznacza to, że musi przyspieszyć. Jednak tak bardzo przyzwyczaja się, że uczy się to ignorować. W końcu koń przestaje reagować na nacisk łydki.

Nauka przez skojarzenia

Konie są biegłe w nauce przez skojarzenia. W swym naturalnym środowisku posługują się tym, aby przetrwać, na przykład wtedy, gdy uczą się, co jest niebezpieczne i od czego muszą trzymać się z daleka. Jeśli czarny pies ugryzł konia, w przyszłości będzie się on trzymał z daleka od czarnych psów. Szybko się tego nauczy. Nauka przez skojarzenia uczy konie szanować porządek społeczny w stadzie. Jeżeli jest w nim koń, który często kopie kopytami w konie podchodzące do niego z tyłu, inne konie nauczą się, że nie należy zbliżać się zbytnio do jego zadu.

Skojarzenia pomagają koniom zapamiętywać, gdzie jest pożywienie i woda. Łatwo się tego nauczyć w stajni, ale w naturalnym środowisku, kiedy konie codziennie przemierzają rejony, których nie widziały przez kilka tygodni i miesięcy, kojarzenie poszczególnych cech charakterystycznych krajobrazu z pożywieniem i wodą jest bardziej przydatne. Pokazuje to także, jak dobrą mają pamięć. Zdolność uczenia się przez skojarzenia jest niezbędna do przetrwania koni i jest przez to integralną częścią ich natury.

W sztucznym środowisku możemy wykorzystać ich zdolność do uczenia się przez skojarzenia do naszego programu szkoleń. Możemy się tym posłużyć, wraz z negatywnym i pozytywnym wzmocnieniem, aby nauczyć konia praktycznie wszystkiego. Konie uczą się akceptować naszą dominację przez kojarzenie nieprzyjemnych skutków złego zachowania i przyjemnych skutków dobrego. Jeśli chcesz, aby koń zwolnił, skracasz wodze. Kiedy koń zwalnia, można rozluźnić kontakt. Po wielokrotnym powtórzeniu tego działania koń uczy się, że jeśli zwolni, wodze staną się mniej napięte, co jest przyjemniejsze od skrócenia wodzy. To jest właśnie wzmacnianie negatywne. Jednocześnie uczy się kojarzyć napięcie wędzidła z poleceniem zwolnienia tempa. Gdy stopniowo redukujesz siłę do zwykłego zamknięcia dłoni, koń nadal łączy to z poleceniem mówiącym mu, że ma zwolnić. Ta sama zasada tyczy się nacisku łydek oznaczającego, że koń ma przyspieszyć. Z początku koń może reagować na bodźce z powodów fizycznych, ale wkrótce uczy się wykonywać twoje polecenia z uwagi na skojarzenia. Dzięki temu możesz zredukować siłę polecenia. Żądanie, aby koń ruszył lub przyspieszył, może rozpocząć się od silnego użycia łydki. Możesz stopniowo zmniejszać nacisk, w miarę jak koń uczy się, czego od niego wymagasz, aż w końcu wystarczy delikatne uciśnięcie. To samo dotyczy innych pomocy.

Czasem koń słucha naszych poleceń, z których nie zdajemy sobie sprawy. Czy kiedykolwiek koń zaczął galopować bądź kłusować tuż przed tym, jak zamierzałeś kazać mu to zrobić? Twoim zdaniem, nic nie zrobiłeś – pomyślałeś pewnie, że koń czyta w twoich myślach. Może wydawało ci się, że nic nie zrobiłeś. Jednak większość jeźdźców, zanim każe koniowi zrobić przejście, szczególnie o stopień w górę, skraca wodze i lekko unosi się w siodle. Potem wydaje koniowi polecenie wykonania przejścia. Po jakimś czasie koń zaczyna kojarzyć wstawanie i skrócenie wodzy z poleceniem przejścia do kłusa czy galopu. Wie, że masz zamiar o to poprosić, więc to robi. Nie jest niegrzeczny. Prawdę mówiąc, jego zdaniem zachowuje się właściwie, nie powinieneś więc go za to winić. Twoją winą jest to, że zmieniasz pozycję, zanim wydasz polecenie wykonania przejścia. To jedna z przyczyn, dla których powinieneś pozostać w niezmienionej pozycji, dopóki nie wydasz polecenia używając pomocy.

SŁUCH

Konie polegają na swym słuchu, który ostrzega je o zbliżającym się niebezpieczeństwie. Jeżeli cokolwiek upośledza słuch konia, zwierzę stanie się podenerwowane, obawiając się przez cały czas niebezpieczeństwa, którego nie będzie mogło usłyszeć. Jednym z problemów jest silny wiatr. Koń nie jest w stanie słyszeć wyraźnie w takich warunkach. Staje się rozdrażniony i bojaźliwy, rozgląda się, aby zorientować się, co dzieje się wokół niego, nadmiernie reagując na wszelkie dźwięki i ruch.

Interesujący jest aspekt kierunkowego słuchu koni. Zapewne zauważyłeś, że ich uszy są niezwykle ruchliwe i zwracają się we wszystkie strony. Koń obraca otwartą część ucha w kierunku dźwięku. Podczas jazdy najlepiej jeśli zwraca uszy do tyłu w twoją stronę. Oznacza to, że słucha cię i skupia się na tym, co robisz i o co go prosisz. Jeżeli jego uszy poruszają się we wszystkie strony, wiesz, że nie poświęca ci pełnej uwagi. Koń koncentruje się na tym, w kierunku czego skierowane są jego uszy.

Kierunek, w którym zwrócone są uszy konia, wskazuje nam czasem, na co koń patrzy. Koń widzi to, co znajduje się za nim, nie zawsze więc musi odwracać głowę, by na coś popatrzeć. Jeżeli lepiej mu w danej chwili trzymać głowę zwróconą do przodu (na przykład, gdy je), może on również wtedy widzieć po bokach, choć mniej wyraźnie. Woli odwrócić ucho, aby słyszeć dźwięki dochodzące z tamtej strony. Jeżeli zwierzę trzyma głowę prosto, ale jego ucho zwrócone jest w bok, zapewne skupia uwagę na tym, w kierunku czego zwrócone jest jego ucho. Badania pokazały, że części ludzkiego mózgu odpowiedzialne za wzrok i słuch są aktywne jednocześnie. Okazuje się, że również u koni istnieje związek pomiędzy wzrokiem i słuchem, niczym u osób noszących okulary, które twierdzą, że bez nich gorzej słyszą.

Rozdział III

W JAKI SPOSÓB SZKOLIMY KONIE?

Istnieje pięć podstawowych sposobów, w jakie konie się uczą, a my je szkolimy. Zaliczają się do nich: pozytywne wzmocnienie, negatywne wzmocnienie, kara, częste wystawianie na działanie bodźca oraz nauka przez skojarzenia.

❍ **Pozytywne wzmocnienie** występuje wtedy, gdy nagradzamy konia za to, że wykonał nasze polecenie. Kiedy na przykład koń przeskakuje przez przeszkodę, możemy nagrodzić go marchewką, pogłaskaniem czy przerwaniem pracy. Uczy się on wtedy, że za wykonanie tego, o co prosimy, otrzymuje nagrodę. Kiedy skacze, jest to dla niego przyjemne, ponieważ dostaje nagrodę – uczy się kojarzyć skok z przyjemnością.

Jeżeli dając mu marchewkę głaszczesz go i mówisz do niego łagodnie, koń kojarzy głaskanie i głos z nagrodą. Później głaskanie i głos stają się nagrodą same w sobie – jest to drugorzędne wzmocnienie pozytywne.

❍ **Negatywne wzmocnienie** występuje, gdy koń doznaje nieprzyjemnych uczuć, które znikają, gdy wykona twoje polecenie. Jeżeli chcesz, aby koń zatrzymał się lub zwolnił, wzmacniasz kontakt i co za tym idzie napięcie na jego pysku. Kiedy zwierzę zwalnia bądź zatrzymuje się, napięcie znika. Koń uczy się, że jeśli czując napięcie na pysku zwolni lub zatrzyma się, napięcie zniknie. N i e z m i e r n i e ważne jest, aby jeździec wiedział, że należy zmniejszyć kontakt, gdy koń wykona jego polecenie, w przeciwnym razie koń będzie skonfundowany. To samo tyczy się pomocy takich jak nacisk łydką, mający zmusić konia do ruszenia do przodu lub skrętu. Gdy koń wykona nasze polecenie, należy zmniejszyć nacisk łydek, aby koń wiedział, że zrobił to, o co go prosiliśmy.

❍ **Kara** oznacza poddanie konia nieprzyjemnym doznaniom, jeśli zrobi coś niewłaściwego. Oznacza to zwykle karę fizyczną, związaną z bólem, np. klaps czy uderzenie palcatem, bądź zmuszenie konia do cięższej pracy. Kara fizyczna może przejść w karę werbalną. Jeżeli uderzeniu konia zawsze będzie towarzyszyć krzyknięcie na niego, koń skojarzy słowne upomnienie z bólem. Wkrótce będzie się czuł tak samo ukarany przez podniesiony głos, jak przez uderzenie palcata.

❍ **Częste wystawianie na działanie bodźca** (jak zostało to omówione w Rozdziale II). Posługujemy się tą metodą, aby przyzwyczaić nasze konie do czegoś, co wywołuje w nich obawy. Widząc to bądź doświadczając tego często i nie doznając krzywdy uczą się, by się tego nie bać.

❍ **Nauka przez skojarzenia** (jak zostało to omówione w Rozdziale II). Posługujemy się tą metodą na wiele sposobów. Za każdym razem, gdy dociskasz łydki do boków konia, on kojarzy to z ruszeniem do przodu. Przypuśćmy, że jednocześnie kląskałbyś językiem. Koń nauczyłby się przez skojarzenie, że zawsze, gdy dociskasz łydkami bądź kląskasz językiem, powinien ruszyć do przodu. Reguła ta sprawdza się tak samo, gdy koń uczy się zatrzymywać bądź zwalniać, czując napięcie na wędzidle. Kojarzy napięcie wędzidła ze zwolnieniem tempa. Początkowo nauczył się on tego oraz ruszania po nacisku łydki przez wzmocnienie negatywne. Jak widzisz, mogą występować równocześnie dwa typy szkolenia.

UCZENIE NOWYCH UMIEJĘTNOŚCI

Jeżeli zamierzasz uczyć konia czegoś nowego, ważne jest, by właściwie zrozumieć proces uczenia. Kiedy koń po raz pierwszy ma na swym grzbiecie jeźdźca, nie wie absolutnie nic. Nie wie, że nacisk łydek oznacza polecenie ruszenia, a napięcie wędzidła każe mu zwolnić czy zatrzymać się. Nie wie również, że czując nacisk na wędzidle z lewej bądź prawej strony, oznacza to, że powinien w tę stronę skręcić. Wszystkich tych rzeczy trzeba go nauczyć, powoli i mozolnie, krok po kroku. W końcu koń nauczy się kojarzyć pomoce, takie jak wodze i łydka, z wolą jeźdźca.

Kiedy prosisz konia, by zrobił coś, czego nigdy przedtem nie robił, prawdopodobnie nie zrozumie, o co ci chodzi. Pokaż mu, w jak najbardziej zrozumiały sposób, czego od niego oczekujesz. Nie zakładaj, że skoro używasz właściwych pomocy przy danym manewrze czy ćwiczeniu, koń automatycznie będzie wiedział, co ma robić. Wszystkiego trzeba go nauczyć. Nie potrafi czytać w myślach. Jeżeli nikt mu jeszcze nie pokazał, czego się od niego wymaga, ty musisz to zrobić. Będziesz musiał obmyślić sposób szkolenia go, opierając się na powyższych metodach i stosując właściwe pomoce. Musisz być cierpliwy – z początku koń nie będzie miał pojęcia, czego od niego oczekujesz. Stosowane pomoce muszą być jasne, nieco silniejsze niż zwykle, żeby koń nie czuł się zdezorientowany. Niezmiernie istotna jest konsekwencja, aby koń nauczył się kojarzyć pomoce z twoimi oczekiwaniami. Ćwiczenie należy powtarzać tak długo, aż koń dokładnie przyswoi sobie daną lekcję.

BŁĘDY W KIEROWANIU ZACHOWANIEM KONIA

Czasem nieumyślnie uczymy naszego konia złego zachowania. Na przykład koń przywiązany i pozostawiony sam sobie często jest nieszczęśliwy. Dlatego zdarza mu się grzebać kopytem w ziemi lub głośno rżeć. Zaniepokojony właściciel przychodzi upewnić się, że z koniem nic złego się nie dzieje lub nawet zrugać go za jego zachowanie. Koń szybko zdaje sobie sprawę, że gdy grzebie kopytem, ktoś do niego przychodzi. Ponieważ woli, gdy ma kogoś w pobliżu, dalej grzebie kopytami i rży. Chce, żeby ktoś przychodził do niego nawet wtedy, gdy ta osoba jest na niego zła. Z punktu widzenia konia jest to i tak lepsze niż samotność. Morał tej historii jest następujący: nie idź do konia, jeśli tak robi (chyba że naprawdę, twoim zdaniem, coś mu grozi).

Bądź ostrożny z posługiwaniem się karą jako metodą szkolenia. Musisz być pewny, że koń faktycznie się źle zachował, a nie, że był zdezorientowany. Kara musi następować natychmiast po złym postępku. Koń musi wiedzieć, że kara jest konsekwencją jego zachowania. Jeżeli nastąpi jakieś opóźnienie, koń nie będzie wiedział, dlaczego został ukarany, spowoduje to jedynie dezorientację i prawdopodobnie nawet pogorszy jego zachowanie.

Ważne jest także, żeby koń nie kojarzył kary z pracą, którą wykonuje. Jeśli na przykład kilkakrotnie odmówił wykonania skoku i za każdym razem dostał klapsa, zapewne skojarzy klapsy ze skakaniem. W rezultacie może go to zniechęcić to skoków. Jeżeli koń ma trudności ze skakaniem, należy znaleźć inny sposób, który nie będzie dla niego nieprzyjemny. Być może trzeba zacząć od niższych przeszkód, nagradzając go i chwaląc za każdym razem, gdy skoczy. Nagroda lub pozytywne wzmocnienie zastąpi karę – zawsze to krok we właściwym kierunku!

Rozdział IV

SPOSOBY POROZUMIEWANIA SIĘ KONI

Zapewne każdy właściciel konia marzy, aby jego zwierzę potrafiło mówić, niczym Mr Ed, którego z pewnością pamiętają starsi z was. Większość z nas nie zdaje sobie sprawy, że konie mówią do nas na wiele sposobów. Mają zróżnicowany system komunikacji, oparty w większości na mowie ciała, który może pomóc nam w zrozumieniu, co starają się nam przekazać. Jeżeli nauczymy się tego języka, możemy porozumiewać się z końmi tym samym systemem. Dobra komunikacja prowadzi do lepszego zrozumienia wzajemnych potrzeb i poprawy naszej relacji ze zwierzęciem.

Ponieważ konie są istotami społecznymi, komunikacja pomiędzy nimi a innymi członkami stada jest dla nich bardzo ważna. To zasadniczy czynnik organizacji i zachowania jedności społecznej, niezbędnej do przeżycia.

W JAKI SPOSÓB KONIE SIĘ POROZUMIEWAJĄ?

Dźwięki

Ciche rżenie. Mowa tu o niskim, delikatnym dźwięku, zwykle związanym z przyjemnością, której koń doświadczył lub której oczekuje. Klacz rży cicho, gdy znów spotyka się ze swym źrebięciem, głodny koń, kiedy pojawia się jego właściciel z jedzeniem, samotny koń – na widok zbliżającego się towarzysza. Koń mówi w ten sposób: „Jestem szczęśliwy”.

Głośne rżenie. Koń przekazuje w ten sposób innym koniom, gdzie jest, prosząc je tym samym o rżenie w odpowiedzi, by mógł określić, gdzie się znajdują. Oznacza ono: „Tu jestem – a wy?". Jest to wysoki dźwięk, niosący się na długi dystans. Konie potrafią doskonale określić kierunek, z którego pochodzi dźwięk. Kiedy się pasą, zwykle inni członkowie stada pozostają w zasięgu wzroku. Przez to bardziej polegają na sygnałach wizualnych niż dźwiękowych. Kiedy tracą się wzajemnie z oczu, sygnały dźwiękowe zastępują wizualne. Dlatego właśnie konie pozostające w stajni często wołają, kiedy nie mogą widzieć tych, które z niej wyszły. Niekoniecznie oznacza to rozpacz, często jest to jedynie komunikacja. Po wysokości rżenia można ocenić, kiedy przechodzi ono w dźwięk rozpaczy. Staje się wyższy i głośniejszy. Niektóre konie są szczególnie nieszczęśliwe, gdy zostają same. Jeśli mogą porozumiewać się z innym koniem, ale nie mogą z nim przebywać, stają się nawet bardziej niespokojne.

Głośne parsknięcie. To dźwięk, jaki wydaje koń, czując w pobliżu coś potencjalnie interesującego lub wywołującego lęk. Zwierzę, które wydało ów dźwięk, często odwraca się i patrzy na to, co przykuło jego uwagę, w czasie i po wydaniu dźwięku. Jest to głośny dźwięk, który zwraca uwagę innych koni. Parskający koń mówi jakby: „Widzieliście to? Nie podoba mi się, bądźcie ostrożne".

Kwik. Dźwięk ten często wydają konie, gdy się spotykają. Podchodzą do siebie, ostrożnie dotykają się nosami i jeden z nich bądź oba wydają z siebie kwik. Kiedy dotykają się nosami, sprawdzają się wzajemnie. Kwik jest rzuceniem wyzwania drugiemu koniowi. Koń, który kwiczy, mówi drugiemu, że jest szefem. Często wystarczy to, aby ustalić jego dominację, jeśli drugi koń zaakceptuję tę sytuację. Jeśli drugi koń nie podejmuje wyzwania, nie będzie kwiczał. Oznacza to, że akceptuje dominację tego pierwszego.

Jeżeli drugi koń kwiknie, oznacza to, że nie zamierza zaakceptować pierwszego konia jako nadrzędnego w stosunku do siebie. Na tym etapie koń, który kwiczy najgłośniej, może wygrać rywalizację. W królestwie zwierząt osobnik wydający najgłośniejszy dźwięk często jest największy i najbardziej niebezpieczny, a zatem należy mu się respekt. Przypomina to nieco dwóch chłopców na boisku, którzy konfrontują się przed bójką. Stopniowo ich głosy przechodzą w krzyk którego jest głośniejszy, świadczyć ma o większej sile. Tak samo koń, który wydaje głośniejszy dźwięk, zapewnia, że jest silniejszy. Jeżeli to nie wystarczy, by ustalić relacje, „rozmowa" pomiędzy końmi może przerodzić się w walkę. Gdy żaden z nich nie chce uznać się za podporządkowanego, zadecydować musi siła fizyczna. Nie wszystkie konie, które spotykają się w ten sposób, kwiczą. Czasem jedynie „przedstawiają się" i nie mają problemu ze statusem tego drugiego. Odchodzą bez żadnego dźwięku.

Znamy ogólne znaczenie tej komunikacji, ale nie wydaje się, by miała ona wpływ na nasze relacje z końmi. Nigdy nie kwiczą na nas, a ja nigdy nie słyszałam człowieka kwiczącego na konia! Głośność dźwięku jednakże ma znaczenie. Ponieważ konie czują respekt wobec tych, którzy wydają głośne dźwięki, człowiek mający donośny głos najpewniej wzbudzi większy respekt, a nawet strach u konia. Ludzie automatycznie krzyczą na konia, który źle się zachowuje. Jest to zachowanie naturalne pomiędzy ludźmi, w naturalny sposób przenosimy je więc na naszą komunikację z koniem. Podobnie gdy chcemy się z koniem zaprzyjaźnić, mówimy cicho i łagodnie. Często konie bardziej szanują mężczyzn niż kobiety. Częściowo wynika to z tego, że mężczyźni mają zwykle głębszy i donośniejszy głos.

Ciche parsknięcie. Dźwięk ten przypomina wydmuchanie nosa. W przeciwieństwie do głośnego parsknięcia oznacza, że koń jest spokojny. Spięty koń nie wydaje podobnych dźwięków. Dobrze, jeśli słyszysz go podczas jazdy, ponieważ oznacza on, że nie wywołujesz u konia napięcia, a więc jest on gotów do rozpoczęcia pracy. Kiedy koń parska w ten sposób, wypycha powietrze z płuc, pokazując, że nie są spięte i mogą pracować jak najwydajniej.

Czy konie rozumieją znaczenie dźwięków, które wydają inne konie?

Oczywiście. Nie miałoby sensu wydawanie różnych dźwięków, gdyby inne konie nie mogły ich zrozumieć.

Czy konie mogą zrozumieć dźwięki, które wydają ludzie?

Nie. Nie rozpoznają słów, ale mogą kojarzyć pewne dźwięki z okolicznościami, w których je słyszą. Na przykład ostremu dźwiękowi, takiemu jak „nie", gdy koń źle się zachowuje, może towarzyszyć uderzenie. Bardzo szybko koń zaczyna kojarzyć „nie", wypowiedziane w nieprzyjemny sposób, jako reprymendę. Kiedy mówimy do konia spokojnym głosem i głaszczemy go jednocześnie, koń uczy się kojarzyć spokojny głos z przyjemnymi okolicznościami. Kiedy szkolimy konia, „ruszaj", wypowiedziane w rozkazujący sposób, kojarzone jest z dominującym statusem trenera. Samo słowo nie jest prawdopodobnie rozpoznawane jako takie, ale poczucie, jakie mu towarzyszy, ton głosu i jego wysokość koń odczytuje przez skojarzenia, jakie z nim ma. Staje się niemal frazą muzyczną, a jeśli jest powtarzane w ten sam sposób za każdym razem, kiedy koń ma ruszyć, zwierzę wkrótce zacznie rozpoznawać komendę. Podobnie komenda „kłus". Jeśli powtarzać będziesz ją tak samo, zmuszając konia do kłusa, stanie się rozpoznawalna. Jeżeli więc chcesz szkolić konia za pomocą dźwięków, posługuj się tym samym dźwiękiem i intonacją. Niech dźwiękom towarzyszy zawsze to samo działanie, które ma sprawić, by koń wykonał dane zadanie. Jeżeli będziesz powtarzać to wystarczająco często, koń nauczy się, czego od niego oczekujesz, przez rozpoznawanie tego, co usłyszał.

Zapach

Konie mają bardzo dobrze rozwinięty zmysł węchu i posługują się nim do oceny otoczenia. Jeśli chodzi o posługiwanie się nim przy porozumiewaniu się, prawdopodobnie ogranicza się to jedynie do pozostawiania odchodów, aby inne konie wiedziały o ich obecności w danym miejscu[7].

Zachowanie

Czasem konie dają bardzo oczywiste wskazówki co do swoich uczuć i tego, co chcą przekazać innym, na przykład:

Machanie ogonem – Koń mówi ci, że jest niezadowolony. Może chodzić o irytującą muchę lub jeźdźca.

Płasko położone uszy – „Uważaj! Zaatakuję cię, jeśli nie zrobisz tego, co chcę".

Dotykanie nosem – „Witaj!" lub „Witaj, kim jesteś?", albo „Lubię cię!".

Nisko opuszczona głowa – „Nie zrobię ci krzywdy. Tak naprawdę wcale mnie tu nie ma...".

Zwrócenie się bokiem do drugiego zwierzęcia – „Nic nie znaczę. Nie stanowię dla ciebie zagrożenia. Wcale mnie tu nie ma".

Zwrócenie się do innego konia oczami lub ciałem – „Jestem bardzo odważny, nadrzędny i wcale się ciebie nie boję. Chcesz się ze mną zmierzyć, czy zrobisz to, co chcę?".

Wysoko podniesiona głowa – Jestem ze wszystkich tutaj najlepszy, nie zadzieraj ze mną".

Tylne nogi ugięte lub zwrócone do siebie – „Jeśli się nie odsuniesz, kopnę cię".

---

[7] Konie komunikują się ze sobą za pomocą zapachu moczu i kału. Np. ogiery moczem oznaczają swoje terytorium, a zapach kału klaczy wskazuje ogierom, że będzie się „grzała".

Pokazane zęby – „Odejdź albo cię ugryzę".
Kłapanie pyskiem bądź żucie – „Przyznaję. Jesteś szefem. Jestem nikim. Będziesz moim przyjacielem?".
Grzebanie kopytem w ziemi – „Jestem niezadowolony" lub „Będę się tu tarzać".
Spoglądanie do tyłu – Konie, które spodziewają się, że ktoś za nimi idzie (jeśli jest to ktoś mile przez nie widziany), często odwracają się, zanim pójdą dalej.

Konie dają także relatywnie subtelne wskazówki co do swej osobowości czy uczuć.

Brak kontaktu wzrokowego – „Troszkę się ciebie boję. Jeśli nie spojrzę na ciebie, być może ty nie spojrzysz na mnie. Może nie zauważysz mojej obecności".

Kontakt wzrokowy mówi nam, w jakim nastroju jest koń:

Łagodne oczy – zrelaksowany, zadowolony.
Dzikie oczy, widoczne białka – przestraszony.
Wściekłe lub błagalne spojrzenie – inne konie z łatwością dostrzegą te miny, tak jak my dostrzegamy minę drugiej osoby. Konie mają bardzo dużą gamę min – ich pysk może wyrażać smutek, zadowolenie, niezrozumienie, strach, próbę przestraszenia lub pogardę. Możemy interpretować wyraz ich pysków tak jak w przypadku ludzkich twarzy. Jeżeli konie potrafią interpretować miny innych koni, a te są podobne do naszych, możliwe, że potrafią zrozumieć także wyraz twarzy człowieka.
Rozdęte nozdrza – wskazują na strach bądź złość i są związane z potrzebą zwiększonej ilości tlenu do ucieczki bądź walki.

W jaki sposób konie słuchają?
Zwracają uszy w kierunku (bądź kierunkach), z którego słuchają. Zwracają także uszy w stronę tego, na co patrzą lub na czym się

skupiają. Można mieć poczucie, że koń „patrzy" na nas uszami. Faktycznie ich widzenie obwodowe jest tak dobre, że mogą cię widzieć nawet wtedy, gdy nie zwracają się głową w twoją stronę. Zwracając w twoją stronę uszy skupiają słuch w twoim kierunku. Jeśli podczas jazdy uszy konia zwrócone są do tyłu w twoją stronę, koń skupia się na swojej pracy i na tym, co każesz mu robić. Słucha cię, nawet jeśli nie wydajesz żadnych dźwięków – komunikowaliście się jedynie fizycznie. Wiesz dzięki temu, że masz jego pełną uwagę i skupienie.

Czy koń może ci powiedzieć, co złego się z nim dzieje?

Musisz stworzyć katalog jego zachowań. Pomoże ci to zrozumieć symptomy i postawić dokładną lub dość dokładną diagnozę. Na przykład kopanie brzucha i/lub chodzenie wokół boksu i spoglądanie na brzuch, i/lub niespokojne tarzanie się – zapewne będzie oznaczało rodzaj kolki. Zwieszony łeb, brak apetytu lub temperatura – może infekcja wirusowa?

Zwracaj uwagę na zmiany w zachowaniu twojego konia. Pamiętaj, co działo się w przeszłości z danym koniem lub końmi. Patrz na konia i zwracaj uwagę na jego zachowanie podczas jazdy, gdy czuje się dobrze. Notuj swoje uwagi, aby móc porównać to z sytuacją, gdy koń nie czuje się dobrze. Bądź wrażliwy na jego nastrój, zachowanie i ruchy. Będziesz wtedy mógł łatwiej wychwycić, co jest nie tak i kiedy koń jest nieszczęśliwy.

Zwracaj szczególną uwagę na to, w jaki sposób koń się z tobą wita, czy to na pastwisku, czy w stajni. Jeśli zwykle wystawia łeb nad drzwiami i wita cię rżeniem, powinieneś się martwić, jeżeli stoi w rogu. Podobnie jeśli koń zazwyczaj spogląda na ciebie, gdy wołasz go na pastwisku, a tym razem ignoruje, być może ma problem – zbadaj jego przyczynę.

Nasz system komunikacji – pomoce

Jeźdźcy stworzyli pomoce jako sposób komunikacji z końmi. Każdego konia trzeba nauczyć, co te pomoce oznaczają. Nie rodzi on się z tą wiedzą. Tworząc pomoce staraliśmy się posłużyć bodźcami sensorycznymi, łatwo zrozumiałymi dla konia.

Pomoce te to: wodze, łydki, krzyż, równowaga (ciężar jeźdźca) i czasem głos. Możliwe jest nauczenie koni odpowiadania na inne sposoby komunikacji. Na przykład m o ż n a nauczyć konia, aby przechodził do galopu na nacisk palców po prawej stronie kłębu na galop z prawej nogi i po lewej stronie kłębu na galop z lewej nogi. Teraz jednak skupimy się na powszechnie ustalonych pomocach.

Większość pomocy wygląda tak, jak wygląda, z oczywistych przyczyn praktycznych. Na przykład, jeżeli chcesz, by koń skręcił w prawo, prosisz o to prawą wodzą, aby zwrócić głowę konia w prawo, a reszta ciała konia za nią podąży. Jeżeli chcemy przemieścić całe ciało konia w prawo, naciskamy lewą łydką. Zarówno nam, jak i koniowi łatwo to zrozumieć. Jest to niemal to samo, co zejście z konia i fizyczne popchnięcie go z lewej strony, tak że jego całe ciało przesuwa się w prawo.

Niektóre z pomocy wykorzystują prawa fizyki, aby pomóc koniowi w zrozumieniu, czego od niego wymagamy, ale w każdej z nich jest element skojarzenia. Jeżeli koń nauczy się znaczenia pomocy w ten sposób, wkrótce będzie wykonywał zadanie dlatego, że czuje pomoc i wie, co ona oznacza, nie czekając na jej fizyczny aspekt. Na przykład, jeśli chcesz skręcić w prawo i skracasz prawą wodzę najmniej, jak to możliwe, koń bez problemu zwróci się w prawo. Nie musisz ciągnąć jego głowy w prawo wodzą tak jak przy jego pierwszej jeździe. Robi to, ponieważ wie, co to oznacza, a nie dlatego, że go do tego zmuszasz. Stopniowo możesz zmniejszyć siłę pomocy, ponieważ koń rozumie, czego od niego chcesz. Im mniej fizyczna jest pomoc, tym mniej zakłóca równowagę i harmonię ruchów konia.

Musimy uważać, aby nie dawać koniowi nieświadomie sygnałów, gdy nie zamierzamy czegoś robić. Koń niezwykle łatwo uczy się przez skojarzenia. Przypomnij sobie podane wcześniej przykłady. Okazuje się, że koń zaczyna przewidywać, czego od niego chcemy, ponieważ robimy różne rzeczy, których nie jesteśmy świadomi, takie jak zmiana pozycji czy skrócenie wodzy przed przejściem do galopu. Pamiętaj, aby nie zmieniać pozycji podczas jazdy, dopóki nie zastosujesz danej pomocy.

Konie rozumieją mowę ciała innych koni i mogą na swój sposób interpretować nasz język ciała. Opuszczona, wyciągnięta ręka bardzo przypomina opuszczoną głowę konia, oznaczającą poddanie bądź koniec konfrontacji. Zwrócenie się frontalnie do konia oznacza konfrontację, a zwrócenie się bokiem – nie. Jeśli podchodzisz do konia patrząc mu w oczy i zwracając ciało w jego stronę, postrzega cię jako osobę dominującą i zapewne ci się podda. Jeśli jednak wejdziesz do stajni po cichu, ze spuszczoną głową i przygarbioną sylwetką, koń będzie wiedział, że jesteś onieśmielony i prawdopodobnie będzie mógł tobą rządzić. Jeśli za każdym razem, gdy zwrócił zad w twoją stronę, odskakiwałeś, oczekując, że cię kopnie, dostrzeże twoje zdenerwowanie i wykorzysta to. Pewna siebie, wyprostowana i/lub wysoka osoba, idąca pewnym krokiem, to ktoś, z kim trzeba się liczyć. Osoba ze spuszczoną głową, drobiąca nieśmiało, to z kolei ktoś, kim można rządzić. Wysoka osoba może w naturalny sposób zdominować konia, a niższa musi udowodnić, że się nie boi, ponieważ koń instynktownie zakłada, że niższa osoba będzie słabsza. Koń odbiera tego, kto mówi donośnym głosem, jako kogoś, wobec kogo musi być ostrożny. Jeśli czujemy się pewnie przy koniu, widać to w naszym zachowaniu i koń będzie wiedział, kim jesteśmy. **Koń ocenia cię tak, jak ty oceniasz samego siebie**.

Rozdział V

Zdominowanie konia

Jeżeli mamy efektywnie współpracować z końmi, musimy przekonać je, że jesteśmy wobec nich nadrzędni. W ich głowach nie może być co do tego żadnych wątpliwości. Choć musimy traktować konie sprawiedliwie i życzliwie, musimy też być stanowczy, gdy mamy do czynienia ze złym zachowaniem czy nieposłuszeństwem. Kiedy wymagasz, żeby coś zrobiły, i wiesz, że zdolne są to osiągnąć, musisz obstawać przy tym, by wykonały zadanie. Nie oznacza to, że masz być w jakikolwiek sposób okrutny wobec koni, jedynie to, że nie można pozwolić, aby nieposłuszeństwo uszło im na sucho. Jeżeli koń nabierze przekonania, że jeździec toleruje nieposłuszeństwo, stanowić to będzie największą przeszkodę na drodze do sukcesu.

Narzucanie koniowi dyscypliny rozpoczyna się na długo, zanim wsiądzie się na jego grzbiet. Zaczyna się od tego, w jaki sposób obchodzisz się z koniem od pierwszego spotkania z nim. Od sposobu, w jaki podchodzisz do zwierzęcia, postawy ciała, twojego spojrzenie i od tego, jak go dotykasz, stoisz i chodzisz, mówisz do niego, czyścisz go, podnosisz mu kopyta, siodłasz, prowadzisz, jeździsz na nim, a szczególnie to, jak radzisz sobie z nieposłuszeństwem. Przez cały czas musisz być pewny siebie (patrz: Rozdział III). Koń musi wiedzieć po twoim zachowaniu, że to ty tu rządzisz i że się go nie boisz.

Jeżeli koń próbuje podważyć tę dominację, musisz upewnić się, że nie będzie miał wątpliwości, że nie aprobujesz takiego działania! Sposób, w jaki koń rzuca ci wyzwanie, określa to, jak na nie odpowiesz. Kara powinna być adekwatna do przewinienia

– jeżeli koń groził, próbował czy też kopnął lub ugryzł cię, mocne uderzenie powinno wystarczyć. Jeśli przewinienie jest mniejsze, także kara powinna być mniej surowa.

Nie trzeba mówić, że z naszej strony to zachowanie to czysty blef. Nie ma szans, abyśmy mogli fizycznie pokonać konia, czy też zmusić go w ten sposób, by robił to, czego chcemy. Przy koniach wkładamy maski – udajemy, że jesteśmy ogromni i potężni. Sposób, w jaki odnosimy się do konia, musi przekonać go, że tak właśnie jest. Jeżeli kiedykolwiek odkryje, że jest to blef i że faktycznie jest o wiele silniejszy, szkolenie go stanie się niemal niemożliwe.

Sposób, w jaki patrzysz na konia

Podrzędny koń nigdy nie będzie patrzył dominującemu koniowi prosto w oczy – mogłoby to sprowokować konfrontację. Bardziej tchórzliwy z tych dwóch będzie tego unikał, ponieważ nie chce walki. Dominujący koń będzie patrzył drugiemu prosto w oczy, ponieważ wie, że jest tu szefem. Nerwowi lub łagodni ludzie także często unikają kontaktu wzrokowego z innymi ludźmi, tak samo jak z końmi. Nic dziwnego, że konie tak szybko są w stanie ocenić, kto może je zdominować – we wrodzony sposób posługujemy się w zasadzie tym samym językiem ciała. Jeżeli masz być dominującą stroną w tej relacji, musisz patrzeć koniowi prosto w oczy.

Sposób, w jaki zwracasz się ciałem do konia

Jeżeli koń zwraca się do drugiego konia przodem, jest to postawa oznaczająca potencjalną konfrontację, tak jak bezpośredni, przedłużony kontakt wzrokowy. Wyobraź sobie podporządkowanego konia, przemykającego obok dominującego konia. Zwraca się on bokiem do konia dominującego i spogląda na niego jedynie kątem oka. Wygląda to tak, jakby ledwie dostrzegał dominującego konia i miał nadzieję, że ów koń go nie zauważy. Pozycja jego ciała wyraża brak ochoty na konfrontację z innym koniem, jest więc ignorowany. Przechodząc obok w ten sposób mówi: „Jestem nieważny, nie zagrożę ci w żaden sposób, nie zwracaj na mnie uwagi".

Wyobraź sobie bardziej pewnego siebie konia, nielękającego się walki, który podchodzi prosto do drugiego konia, stając z nim oko w oko. W tym momencie musi nastąpić konfrontacja, być może walka, lub jeden z nich się wycofa. Bardziej prawdopodobne jest drugie wyjście.

Jeśli zatem zwrócisz się w stronę konia przodem i spojrzysz mu w oczy, będzie on wiedział, że nie boisz się konfrontacji z nim. Jesteś na dobrej drodze, by zostać szefem.

Postawa

Podporządkowany koń, wspomniany wcześniej, prawdopodobnie przechodzi ukradkiem obok drugiego konia, trzymając głowę nisko przy ziemi. Ma to sprawić, że będzie wydawał się mniejszy. Im jesteś mniejszy, tym mniejsze stanowisz zagrożenie. Wyobraź sobie dominującego konia, który stoi i patrzy na podporządkowanego konia lub dominującego ogiera, który odpędza każdego, kto nadchodzi – przyjmuje on postawę mającą sprawić, że będzie wydawał się jak największy i najgroźniejszy, z szyją wygiętą w łuk i uniesioną wysoko głową.

Jeżeli chcesz wywrzeć wrażenie na swoim koniu, spraw, abyś wyglądał na większego – nie przemykaj obok konia nieśmiało. Przechodź obok niego pewnym krokiem, podchodź do konia pewnie – uzna cię za potężną istotę. Jeśli się wycofa, w porządku. Nieco się ciebie obawia – jesteś na najlepszej drodze, by stać się szefem.

Sposób, w jaki mówisz

Kiedy dwa konie decydują się na konfrontację, następnym etapem spotkania może być rywalizacja w kwiku. Kwik jest jednym z najgłośniejszych dźwięków, jakie wydaje koń. Koń, który najgłośniej kwiknie, może zostać zaakceptowany jako zwycięzca w walce o dominację. My, ludzie, nie stajemy do rywalizacji w kwiku, ale możemy zaznaczyć naszą nadrzędną pozycję mówiąc silnym głosem, gdy chcemy, by koń uznał nas za dominującego partnera. Jeśli natomiast chcemy, by koń uznał nas za przyjaciela, możemy mówić łagodnie.

Warto w tym miejscu wspomnieć o powodach, dla których mężczyźni często zdobywają szacunek koni tam, gdzie kobiecie się to nie udaje. Weź pod uwagę (zwykle) większą siłę fizyczną mężczyzny, masywniejszą sylwetkę i głębszy, donośniejszy głos. U konia budzi to większy szacunek, ponieważ wie z doświadczenia, że im większe i bardziej hałaśliwe jest potencjalne zagrożenie, tym bardziej niebezpieczne. Inną przyczyną może być to, że kobiety bywają łagodniejsze w stosunku do koni, co konie odbierają jako słabość.

Kiedy już zdobędziesz szacunek konia, okaże się, że stanie się on bardziej chętny, by nawiązać więź i stać się twoim przyjacielem. Koń uznaje, że posiadanie tak potężnej osoby jako przyjaciela jest dla niego korzystne. Doceni miłość i troskę, jaką mu okażesz. Owo połączenie siły i uczucia tworzy najsilniejszą z możliwych więzi.

Sposób, w jaki obchodzisz się z koniem

Właśnie wtedy koń cię ocenia. Jak go dotykasz? Jak go czeszesz? Jeśli obchodzisz się z koniem pewnie i swobodnie, nie nerwowo i z wahaniem, koń wie, że się go nie obawiasz i będzie traktował cię ostrożnie.

Jeżeli zaś jesteś nerwowy, spięty i być może zbyt łagodny, koń podejrzewa, że może cię rozstawiać po kątach. Niewiele koni oprze się pokusie sprawdzenia nerwowego jeźdźca!

Sposób, w jaki radzisz sobie z nieposłuszeństwem

Jest bardzo, bardzo niewiele świętych koni, które nigdy nie gryzą, nie kopią, nie grzebią kopytem w ziemi i nie rozrabiają. Znakomita większość z nich w pewnym momencie będzie chciała podważyć twoją władzę. Testują, aby sprawdzić twoją reakcję. Jeśli nie zrobisz nic albo zrobisz niewiele, zapewne posuną się o krok dalej i będą bardziej nieposłuszne. Zanim się zorientujesz, będziesz miał źle zachowującego się konia, i to nie dlatego, że koń jest zły, ale dlatego, że nie potrafisz go nauczyć, jak cię szanować.

Istnieje niestety tylko jeden znany mi sposób radzenia sobie ze złym zachowaniem – tak jak matka gani źrebię, które jest jej nieposłuszne, tak ty musisz udzielić nagany swojemu podopiecznemu, gdy źle się zachowuje. Lekki klaps zostanie zignorowany. Musi być dość silny, by koń nie chciał ryzykować powtórzenia kary. Ostre krótkie uderzenie wzbudzi respekt. Wszystko ponad to może zaszkodzić waszej relacji. W żadnym wypadku nie może być mowy o agresji czy okrucieństwie. Jeśli musisz uderzyć konia, unikaj uderzenia w głowę. Łatwo uszkodzić oczy i delikatną tkankę głowy, a poza urazem fizycznym można wywołać u niego lęk przed dotykaniem głowy. (Koń będzie wtedy nerwowo unosił głowę za każdym razem, gdy zbliżysz do niego dłoń). Kara musi być wymierzona natychmiast, aby koń mógł skojarzyć ją ze swym niewłaściwym postępkiem. Jeżeli nastąpi jakakolwiek przerwa, spowoduje zamęt i zdenerwowanie, ponieważ koń nie będzie pamiętał, za co mu się dostaje. Karę można wymierzyć w łopatki, szyję, zad i miejsce za popręgiem. Miejsce, w które uderzasz, zależy od twojego położenia wobec konia w chwili przewinienia. Możesz uderzyć otwartą dłonią, ponieważ powoduje to mnóstwo hałasu, ale uważaj, ponieważ może to zaboleć cię o wiele bardziej niż konia. Palcat lub bat, użyty raz, jest często bardziej skuteczny.

Trudno powiedzieć dokładnie, gdzie i czym powinieneś wymierzać karę koniowi. Należy to robić natychmiast, więc ta część ciała konia, która jest bliżej w danym momencie, jest najbardziej właściwa. Najlepiej, jeśli byłaby to ta część, która „popełniła wykroczenie". Pomoże to koniowi zrozumieć, za co otrzymuje karę. Niemądre jest bicie konia, gdy stoi się za nim. Może on postanowić, że weźmie odwet i znajdziesz się na bardzo niedogodnej pozycji. Jeśli trzymasz w ręku palcat, użyj go, jeśli nie – użyj dłoni. Nie trać czasu na pójście po palcat. Koń może zapomnieć o związku pomiędzy przewinieniem a karą i uzna twoje zachowanie za bezlitosne.

Kiedy uderzasz konia, zgań go jednocześnie głosem. Jeżeli będziesz to robić za każdym razem, po pewnym czasie będziesz musiał jedynie na niego krzyknąć i to wystarczy, by koń poczuł się należycie ukarany. Niektóre konie są wrażliwe i nie wymagają kary cielesnej. Upomnienie werbalne wystarczy, by zrozumiały, że jesteś niezadowolony z ich zachowania. Wszystko ponad to będzie okrucieństwem i zapewne sprawi, że będą przerażone i spięte.

Czasem złe zachowanie pojawia się podczas jazdy – na przykład „baranek" czy stawanie dęba. Trudno dać sobie z tym radę. Wiesz, że jeśli uderzysz konia, zapewne sprowokujesz go, by bryknął jeszcze raz. Uzasadniona jest obawa, że cię zrzuci. Zamiast uderzać konia, możesz spróbować zmusić go, by ruszył ostrzej do przodu. Jeżeli usłucha łydki i ruszy, wygrałeś starcie. Jeżeli nie usłucha łydki i znów bryknie czy stanie dęba, musisz go ukarać. Zdecydowane uderzenie palcatem za przednią nogą da koniowi znać, że nie jesteś zadowolony z jego zachowania. Zapewne znów bryknie czy stanie dęba, a ty musisz znów go uderzyć. W tym momencie większość koni podda się i zacznie się dobrze zachowywać. Wymierzanie kary sprawdzi twoje umiejętności jeździeckie i opanowanie, ale, na szczęście, gdy ustalisz już, że to ty rządzisz, koń będzie się źle zachowywał coraz rzadziej. Kiedy koń zrobi to, o co go prosiłeś, pamiętaj, by go pochwalić – daj mu powód, aby dobrze się zachowywał.

Większość koni poddaje się, kiedy zauważą, że nie dajesz się zastraszyć. Wszystko zależy od twojej odwagi i tego, czy masz coś przeciwko możliwemu upadkowi. Problem z niepodejmowaniem ryzyka jest taki, że koń będzie wiedział, że to on rządzi. Boisz się go, a on może robić, co mu się podoba. W takim wypadku część ludzi wysyła konie na szkolenie (do kogoś, kto się nie boi). Niestety, jest to problem osobisty między tobą a twoim koniem. Inna osoba może powstrzymać konia przed stawaniem dęba czy brykaniem, ale gdy koń wróci do domu, rozpozna cię i przypomni sobie, że ty jesteś tchórzem, który się mu nie przeciwstawił. Jeśli jesteś w takiej sytuacji, być może lepiej sprzedać takiego konia i kupić bardziej uległe zwierzę.

Kiedy upominasz konia, powinieneś użyć głosu w tym samym czasie, co innej formy nagany. Jeśli robisz to za każdym razem, gdy koń potrzebuje reprymendy, skojarzy głos z karą. Głos w końcu może okazać się wystarczający jako jedyna kara, bez potrzeby dodatkowych środków.

Opisana tu gra niekoniecznie musi trwać zawsze. Kiedy już ustalicie waszą relację, a koń będzie wiedział, że masz dominującą pozycję, zwykle będziecie mogli przejść do łagodniejszej relacji bez ciągłej potrzeby ustalania stosunku nadrzędności. Co jakiś czas jednak, koń (zależnie od charakteru) może szukać okazji do przetestowania waszej relacji – bądź na to gotowy.

Poważniejsze nieposłuszeństwo

Niektórzy mówią, że koń nie rodzi się zły, ale jest to wina wychowania. Zwykle jest to prawda, ale istnieją konie, na szczęście bardzo niewiele, które mają wrodzoną potrzebę rządzenia. Starają się ustalić swoją dominację tak, jak zrobiłyby to w stadzie – siłą. Kopią i gryzą, brykają i stają dęba, próbując nad tobą zapanować. Nie byłoby problemu, gdyby miały zostać na pastwisku i nikt by na nich nie jeździł. Jest jednak nie do przyjęcia, jeżeli za każdym razem, gdy chcesz wsiąść na konia, ten próbuje odzyskać dominację – nie pozwalając się złapać, brykając, gryząc czy kopiąc. Na szczęście jest bardzo niewiele zwierząt, które zachowują się tak z natury, ale złe postępowanie właściciela konia ma niebagatelny wpływ. Jeżeli masz konia, który okazuje tendencje do takich zachowań, jest tylko jedna droga: musisz być gotowy udowodnić mu, że możesz go zdominować.

Ostrzeżenie – nie próbuj radzić sobie z naprawdę agresywnymi końmi, chyba że masz spore doświadczenie, umiejętności i pewność siebie. Niektóre konie (choć bardzo, bardzo nieliczne) bywają złośliwe i potencjalnie nieprzyjemne. W takich okolicznościach trener przyjmuje rolę podobną do poskramiacza lwów! To niebezpieczne zajęcie, wyłącznie dla profesjonalisty, który ma nerwy ze stali i dokładnie wie, co robi.

Jeśli koń cię kopnie lub ugryzie, albo zagrozi, że zrobi którąś z tych rzeczy, rzadko masz inny wybór niż go uderzyć. To język stada. Mówisz mu w ten sposób, że nie boisz się go i że jeśli zrobi ci krzywdę czy też spróbuje to zrobić, ty zrobisz mu większą. Wydaje się okropne, że książka, której etos opiera się na delikatności, miłości i życzliwości dla konia, poleca bicie go, ale to właśnie jest język koni. W ten sposób ustalają one dominację w stadzie i tak właśnie ty musisz ją ustalić. Powinieneś mieć ostateczną karę, którą posłużysz się wobec źle zachowującego się konia. Musi istnieć powód, dla którego koń będzie robił to, co się mu każe.

Jeśli jesteś osobą nerwową, masz poważny problem. Musisz stać się aktorem. Udawać, że jesteś pewny siebie. Postępować zgodnie z zasadami, które przekonają konia, że jesteś szefem. Może się jednak zdarzyć, że koń ocenił już twoją osobowość i wie, że może cię zastraszyć. Przekonanie go wtedy, że z dnia na dzień zmienił ci się charakter i pewność siebie, jest podwójnie trudne, ale to właśnie musisz zrobić. Najlepiej oszołomić konia, aby uwierzył, że się zmieniłeś, stając się w teatralny sposób dominujący. Wszystko musisz robić przesadnie. Hałasuj, wchodząc do stajni. Jeżeli koń zachowa się jakkolwiek niewłaściwie, bądź bardzo zdecydowany. Musisz stać się tak wiarygodny, że koń uwierzy, iż naprawdę się zmieniłeś. Kiedy już uda ci się go przekonać, a jego zachowanie zacznie się poprawiać, możesz zmniejszyć poziom gry, ale nie możesz całkowicie jej zaprzestać. Jeżeli znów przyjmiesz postawę zastraszonej osoby, koń szybko zda sobie z tego sprawę i zacznie to wykorzystywać. Oceni cię tak, jak ty oceniasz siebie – czyli jako jednostkę podrzędną.

Często następuje metamorfoza, kiedy źle zachowujący się koń wysyłany jest na szkolenie. Przybywa do trenera i od razu lepiej się zachowuje. Przyczyną jest wycofanie konia, spowodowane przez nowe otoczenie i ludzi. Koń z początku stara się wybadać, gdzie przynależy w hierarchii, i zachowuje się dobrze, przynajmniej do chwili, kiedy oceni, kim może rządzić, a kim nie. Ludzie pracujący tam są profesjonalistami i nie dadzą się w żadnym wypadku zastraszyć. Koń poznaje to po sposobie, w jaki się z nim obchodzą, i ich mowie ciała. Podczas spędzonego tam czasu będzie się zachowywał właściwie, ponieważ są dominujący i musi robić to, co mu każą. Po zakończeniu szkolenia do właściciela wraca koń odmieniony – na jakieś dwa dni. Wkrótce koń przypomina sobie starego właściciela i zachowuje się tak, jak przedtem. Morał tej historii jest następujący: być może to właściciel powinien udać się na szkolenie!

Możesz myśleć, że tak zdecydowane postępowanie wobec konia jest okrutne, ale jest wręcz odwrotnie. Kiedy koń zrozumie, że to ty rządzisz, odpręży się w twoim towarzystwie. Znajdzie siłę w twojej sile, co sprawi, że będzie się czuł bezpieczny i szczęśliwy. Podobnie jak dzieci, konie potrzebują dyscypliny, bez której stają się nieszczęśliwe i trudne. Pamiętaj, że aby odnieść sukces jako jeździec, podobnie jak jako rodzic, musisz być silny i zdecydowany. Prawdziwe uczucie ze strony twojego konia rodzi się z wiedzy, że jest bezpieczny w twoim silnym, choć troskliwym towarzystwie. Zwierzęta na wolności przywiązują się do silnego przyjaciela. Dokładnie w ten sam sposób koń przywiąże się do ciebie, ponieważ czuje, że odpędzisz napastników i będziesz o niego dbać. Fakt, że karmisz go i jesteś dla niego dobry, kiedy właściwie się zachowuje, wzmacnia tę zależność i pragnienie bycia twoim przyjacielem, przez co koń robi to, co mu każesz.

Rozdział VI

Nagroda czy kara?

Pozytywne wzmocnienie

Zgodnie z tradycją w szkoleniu koni dominuje następująca zasada: jeżeli koń wykona to, czego się od niego żąda, wszystko jest w porządku. Jeśli nie – zostanie ukarany. Innymi słowy: konie szkoli się posługując się karą lub zastraszeniem. Często pod ręką jest bat, a my stosujemy go, aby konie się go bały.

Alternatywną metodą szkolenia jest pozytywne wzmocnienie. Kiedy koń prawidłowo wykonuje zadanie, otrzymuje pochwałę i nagrodę. Zaletą pozytywnego wzmocnienia jest zmiana atmosfery, wynikająca z tego, że podczas sesji treningowych dzieją się przyjemne rzeczy. Szkolenie staje się dla konia czymś miłym, na co będzie czekał, zamiast oczekiwać go ze strachem. Zarówno koń, jak i jeździec korzystają z tego dobroczynnego uczucia, a ponieważ zwierzę z przyjemnością wykonuje swoje zadania, jego wyniki będą lepsze.

Możesz nagradzać konia na różne sposoby. Możesz dać mu odpocząć albo pogłaskać go po szyi. Największą nagrodą jest całkowite zaprzestanie pracy. Możesz również go pochwalić. Nagrodzenie konia smakowitym kąskiem jest dla niego łatwo zrozumiałe i chętnie je przyjmuje, może jednak wiązać się z pewnymi problemami. Koń może zacząć oczekiwać, że coś dostanie, wykształcić złe nawyki, takie jak zatrzymywanie się z własnej woli albo sięganie pyskiem do twojej ręki. Niektóre konie mają wyjątkową skłonność do takiego zachowania, ale możesz wyszkolić konia, aby czekał, aż dasz mu nagrodę, zamiast jej żądać. Użyj po prostu pomocy, aby bardziej stanowczo zmusić konia, by szedł dalej, jeśli ma zamiar się zatrzymać. Mocno trzymaj wodze, kiedy sięga w twoim kierunku. To powinno wystarczyć, abyś przekazał mu swoje intencje.

Tego ranka mój psotny kociak rozrabiał w sypialni. Miałam właśnie wyjść z domu, przed włączeniem alarmu musiałam więc zabrać kotka z pokoju. Poprzedniego ranka byłam w identycznej sytuacji. Próbowałam wygonić go z pokoju, ale on miotał się po pokoju i minęło kilka minut, zanim udało mi się go złapać. Rezultat: pokonany, nieszczęśliwy kot i zmęczona ja. Dziś rano postanowiłam spróbować innego podejścia. Wychodząc z pokoju zawołałam „kici kici" tym samym tonem, którym zwykle wołam go do jedzenia. Kociak, oczekując czegoś miłego, wybiegł za mną od razu. Morał tej historii: zawsze staraj się osiągnąć to, co zamierzasz, bez walki i dąż do szczęśliwego zakończenia!

Jeśli będziesz posługiwać się podobną techniką wobec swojego konia, życie stanie się o wiele prostsze i bardziej przyjemne. Nie idź na zwarcie, nie prowokuj walki. Użyj rozumu i postaraj się znaleźć łatwiejsze rozwiązanie. Znajdź najlepszy sposób, aby go czegoś nauczyć. W zeszłym roku znajoma opowiadała mi, że jej koń „głupiał" za każdym razem, kiedy kazała mu wykonać ciąg. Powinno stanowić to dla niego łatwe zadanie, tak jednak nie było i koń denerwował się za każdym razem, kiedy otrzymywał takie polecenie. Znajoma mogła powtarzać polecenie, używając coraz silniejszych pomocy, ale to prawdopodobnie tylko jeszcze bardziej zdenerwowałoby konia. Zamiast tego przeszła do bardzo podobnego, lecz prostszego ćwiczenia – odstępowania od łydki. Nie stanowiło ono dla konia żadnego problemu, kazała mu więc wykonywać to ćwiczenie podczas każdego treningu. Kiedy już była pewna, że koń podczas odstępowania od łydki jest rozluźniony i zadowolony, zaczęła delikatnie zmieniać kąt ustawienia jego ciała, aż zaczął wykonywać ciąg bez żadnego problemu.

Zasady kierujące nauką

W tym podrozdziale możesz znaleźć odpowiedzi na niektóre z pytań, ale nie istnieje żaden wyczerpujący poradnik, jak szkolić konie. Są różne sytuacje i trudne typy koni. Od ciebie zależy, czy będziesz posługiwać się rozumem, aby znaleźć najlepsze rozwiązanie.

Kiedy twój koń zrobił więcej niż wcześniej, doceń go i być może przerwij pracę. Będzie wiedział, że jest to nagroda, a ponieważ konie mają wyjątkowo dobrą pamięć, nigdy ci tego nie zapomni. Kiedy prawidłowo wykonuje twoje polecenia, spraw, aby ćwiczenia te później dobrze mu się kojarzyły. Wkrótce nauczy się, że spełnianie twoich oczekiwań jest jedną z najlepszych rzeczy na świecie. To cudowne uczucie, kiedy za każdym razem, gdy go szkolisz, on traktuje to jak prawdziwą przyjemność.

Kara

Co jakiś czas będziesz musiał konia ukarać. Z pewnością kiedyś źle się zachowa lub będzie nieposłuszny. Zminimalizuj częstotliwość tych zdarzeń i staraj się, aby wasza relacja była dobra. Nigdy nie pozwól, aby trening zakończył się zgrzytem. Jeśli twój koń był naprawdę trudny i nie chciał współpracować, każ mu wykonać zadanie, które zrobi dobrze, po czym pochwal lub nagrodź go. Powtórz ćwiczenie lub znajdź inne, które wykona prawidłowo. Ponownie pochwal go lub nagrodź. Na tym zakończ trening. Jeśli zrobił to, co mu kazano, i dobrze się z tym czuł, będzie o tym pamiętał podczas kolejnego treningu. Spraw, aby nabrał nawyku, że zawsze wykonuje polecenie i dobrze się z tym czuje, ponieważ jest nagradzany. Jeśli nie będziesz kazał mu wykonywać ćwiczeń, które są dla niego za trudne, ale stopniowo będziesz przechodzić do kolejnych etapów szkolenia, nie będzie konieczności uciekania się do innych środków.

Są także inne sytuacje, w których będziesz mógł posłużyć się pozytywnym wzmocnieniem jako pomocą szkoleniową i uzyskasz dobry efekt. Wyobraź sobie konia, który nie znosi podciągania popręgu (a może powinnam powiedzieć: klacz). Koń może wyszczerzyć na ciebie zęby, wzdrygnąć się lub podnieść nogę, grożąc kopnięciem. Choć zachowując się tak okazuje krnąbrność, robi to z powodu niechęci lub strachu przed ciasnym popręgiem. Jeśli w takiej sytuacji zezłościsz się i uderzysz go lub krzykniesz na niego, jego niechęć lub strach zostanie spotęgowany w wyniku twojej bury.

Zamiast złościć się na zwierzę, postaraj się zrozumieć, co czuje. Tuż przed i w trakcie podciągania popręgu głaszcz konia i mów do niego łagodnie. Daj mu może jakiś smakołyk. Spróbuj pomóc mu zapomnieć o dyskomforcie powodowanym przez popręg, tak aby myślał jedynie o przyjemnych rzeczach, które go właśnie spotykają. Jeśli powtórzysz to za każdym razem, gdy będziesz podciągać popręg, w końcu skojarzy to z pożądanymi odczuciami, a jego niechęć do popręgu się zmniejszy. Musisz umieścić miłe skojarzenia w miejscu nieprzyjemnych doświadczeń.

Na drodze

Niektóre konie mają nerwowe usposobienie. Pewne sytuacje sprawiają, że stają się jeszcze bardziej nerwowe i spięte, na przykład jazda w ruchu ulicznym. Oczywiście są przez to potencjalnie niebezpieczne. Ponieważ są nerwowe, stają się nieposłuszne: odskakują, zwracają się zadem w stronę pojazdów. Jeździec również się wtedy denerwuje i często wylewa złość na konia. Brzmi to jak truizm, ale złoszcząc się na nerwowego konia osiągniesz jedynie to, że koń stanie się jeszcze bardziej nerwowy i nieposłuszny. Takiemu koniowi potrzebny jest spokojny jeździec. Jeśli zajmiesz czymś jego uwagę, kiedy jedzie w ruchu ulicznym, być może uda ci się opanować jego zdenerwowanie. Seria przejść – stęp, kłus, stęp, kłus itd. może tu być bardzo pomocna. Jadąc na koniu prawą stroną drogi zwróć jego głowę delikatnie w lewo. Aby powstrzymać go od wchodzenia na jezdnię, lewą łydką uciskaj bok i utrzymuj napięcie na prawej wodzy. To zajmie mu umysł i zapewni bezpieczeństwo w razie nadjeżdżających pojazdów. Kiedy głowa konia zwrócona jest lekko w lewo, lewym okiem może on widzieć to, co jest za nim. W ten sposób widzi zbliżające się z tyłu pojazdy. Jeżeli się ich przestraszy, odsunie się od nich i zwróci w bezpieczny sposób do skraju jezdni. Jeśli zobaczy zbliżające się z tyłu pojazdy prawym okiem, odsunie się od nich w lewo i znajdzie w ten sposób na środku drogi. Kiedy będą mijały was jakieś pojazdy, mów do konia spokojnym głosem, dodając mu otuchy.

Podczas jazdy staraj się unikać napięcia ciała. Jeśli jesteś nerwowy, przeniesie się to na konia. Jeśli się boisz, koń także pomyśli, że powinien się bać. Rozluźnij swoje ciało, aby wiedział, że się nie denerwujesz (nawet jeśli tak jest). Pomoże mu to się rozluźnić, ponieważ będzie czuł rozluźnienie twojego ciała. Jeżeli rozluźnienie sprawia ci trudność, spróbuj śpiewać piosenkę.

Jeśli mijasz coś, co denerwuje konia, nie każ mu na to patrzeć. To sprawi, że stanie się on bardziej nerwowy. Odwróć jego głowę od źródła niepokoju. Udawaj, że ono nie istnieje, a jeśli nawet tak, to nie warto się nim przejmować. Istnieje duża szansa, że koń ci uwierzy.

Skorzystaj z reakcji konia na częste wystawienie na działanie bodźca, aby zaczął się lepiej zachowywać na drodze. Jeśli będziesz zabierać konia w teren codziennie przez tydzień i jechać tym samym odcinkiem drogi, powinien przestać się denerwować tym, co tam spotyka. Jeśli koń boi się czegoś, co słyszy lub widzi na poboczu, ale nigdy nie zazna ze strony tego żadnej krzywdy, w końcu zacznie to ignorować. Jeśli jednak jeździec krzyczy na konia, kiedy ten uskakuje przestraszony, to krzywdząc konia jeździec wzmacnia jego strach. Koń czuje, że jego strach przed czymś, co znajduje się na poboczu, jest usprawiedliwiony, ponieważ pośrednio w wyniku tego poczuł ból.

NIE NAGRADZAJ ZŁEGO ZACHOWANIA

Podczas nauki nowego lub trudnego ćwiczenia koń może stać się nerwowy i spięty. Być może trudno jest mu pojąć lub wykonać to, czego od niego żądasz. Często zdarza się, że jeśli koń staje się spięty i nieposłuszny, jeździec złości się, przez co zwierzę robi się jeszcze bardziej spięte. Przynosi to skutki odwrotne do zamierzonych. Tworzy u konia złe skojarzenie, połączone z danym zadaniem. Spróbuj zachować spokój i wymyślić inny, prostszy sposób, aby nauczyć konia tego zadania. Koń także powinien być spokojny i nauczyć się nowego zadania bez złych skojarzeń. Może zabrać to nieco więcej czasu, niż się spodziewałeś, ale przyniesie wiele korzyści.

Czasem zabierasz konia na trening, a on źle się zachowuje. Nie chce pracować ani wykonywać twoich poleceń. Być może dzieje się tak, ponieważ jest spięty, ale niezależnie od przyczyny jego zachowania, złym pomysłem jest przerwanie z tego powodu pracy. Jeśli to zrobisz, uczysz konia, że złe zachowanie wiąże się z odpoczynkiem i nagrodą. Bez względu na to, jak źle się zachowuje (często kontynuowanie pracy wydaje się bezcelowe), nie możesz przerywać treningu. Znasz swojego konia. Znajdź coś, co lubi robić, lub co nie sprawia mu kłopotu. Niech wykonuje to zadanie, aż jego zachowanie się poprawi, a wtedy pozwól mu odpocząć lub nagródź go. Jeśli nie zacznie się lepiej zachowywać, nie dawaj mu nagrody, której oczekuje. Przypuśćmy, że po zakończonej pracy koń zwykle jest wypuszczany z innymi końmi. Zamiast tego zostaw go samego w stajni albo nie dawaj mu paszy i siana. Nieco później znów go wyprowadź i pojeździj na nim. Znów każ mu zrobić coś, co nie sprawi mu trudności. Nie przeciwstawiaj mu się. Tym razem miej nadzieję, że zrobi coś, co jest warte pochwały. Trzymaj się tego, a potem nagródź go. Nigdy nie można nagradzać konia za złe zachowanie, jedynie za dobre. Kontynuuj naukę w ten sposób, aż do niego dotrze.

NIEPOSŁUSZEŃSTWO?

Jednym z najtrudniejszych problemów, z którymi zmierzamy się podczas szkolenia koni, jest nieposłuszeństwo. Czy koń jest krnąbrny, czy może nie rozumie, o co go prosisz? Być może jest fizycznie niezdolny do wykonania zadania albo jest ono dla niego za trudne. Może jest spięty, przez co nie jest w stanie pracować. Aby poradzić sobie z nieposłuszeństwem, musisz poznać jego przyczynę. Jeżeli jesteś całkowicie pewien, że jest to krnąbrność, nie ma problemu. Jeżeli wyraźnie demonstruje ową krnąbrność – bryka, rzuca zadem lub kopie – należy mu się kara. Jednak uderzenie zdenerwowanego konia, nawet jeśli wydaje się, że jest nieposłuszny, zawsze przynosi odwrotny skutek. Sprawia, że zwierzę staje się jeszcze bardziej nerwowe. Może nie móc dojść do siebie podczas tego treningu. Musisz dowiedzieć się, dlaczego się zachowuje w taki sposób. Jeżeli zwyczajnie nie wykonuje polecenia, powtarzaj je, aż je wykona.

Niektóre konie, szczególnie inteligentne klacze, czują się urażone niesprawiedliwą karą. Jeśli zrobiły coś złego, nie mają nic przeciwko temu, żeby je ukarano. Jeśli starały się wykonać jakieś zadanie, ale nie były w stanie tego zrobić – ponieważ nie zrozumiały polecenia albo zadanie to sprawia im fizyczną trudność – ukaranie ich w takich okolicznościach może z łatwością zniszczyć zaufanie, jakie miały do ciebie, oraz naruszyć waszą relację. Niektóre konie zaś – szczególnie wałachy – wyjątkową dobrze znoszą niezasłużoną karę, ale i one czują się zdezorientowane w takiej sytuacji.

Czasem jesteś pewien, że koń jest nieposłuszny – rzuca łbem, bryka itp. Znasz swojego konia i wiesz, kiedy zachowanie to z pewnością oznacza nieposłuszeństwo. W takim przypadku kara cielesna jest słuszna. Ale jeśli nie jesteś pewien… Zastanawiasz się, czy go zbesztać, czy zmusić do powtórzenia ruchu, czy może twoje wyjaśnienie nie było dla konia jasne i czy powinieneś spróbować ponownie. Istnieje prosta odpowiedź. Przyjmij to drugie za słuszne. Przyjmij, że to ty popełniłeś błąd, nie koń, i tym razem wyjaśnij mu dokładniej. O ile nie jesteś absolutnie pewny, że koń jest nieposłuszny, musisz założyć, że jest on zdezorientowany lub polecenie sprawia mu trudność fizyczną. W przeciwnym razie ryzykujesz starcie z koniem, którego być może nie wygrasz. Jakakolwiek byłaby przyczyna, koniowi pozostaną złe wspomnienia i być może na zawsze nieszczęśliwe skojarzenia z danym poleceniem. Nie myśl, że nieukaranie konia za nieposłuszeństwo sprawi, że ujdzie mu ono na sucho. W rzeczywistości tak nie jest, ponieważ każesz mu powtórzyć ruch. Będzie myślał, że nie warto było być nieposłusznym, ponieważ niczego to nie zmieniło. Mimo jego protestów i tak zmuszasz go do zrobienia czegoś, czego nie chce.

Kiedy ponownie wyjaśniasz mu coś, wyobraź sobie jednocześnie, że zadanie sprawia mu fizyczną trudność. Musisz teraz dotrzeć tylnymi drzwiami do jego zmysłów, intelektu i fizycznych możliwości. Nie idź na zwarcie, gotowy na kłótnię i walkę. Każ mu zrobić coś prostego, być może podobnego do zadania, które chcesz, aby wykonał. Pochwal go i pogłaszcz w nagrodę. Wyjaśnij bardzo dokładnie, czego chcesz, i każ mu wykonać zadanie choćby częściowo. Pochwal go i nagrodź nawet wtedy, jeśli zaledwie połowicznie uda mu się to zrobić. Bądź cierpliwy. Utrata panowania nad sobą nigdy nie działa na twoją korzyść. Pracuj spokojnie, krok po kroku. Spraw, aby twój koń był szczęśliwy i chciał spełniać twoje prośby. Zanim się zorientujesz, będzie robił to, co mu każesz, ponieważ będzie chciał twoich pochwał i nagród. Twoją nagrodą będzie zadowolony koń, z chęcią pracujący dla ciebie o wiele ciężej. Kiedy już poradzisz sobie z jednym problemem, z wszystkimi innymi pójdzie ci łatwiej, ponieważ nauczyłeś się pracować i bawić się ze swoim koniem, zamiast z nim walczyć.

Czasem trzeba zbesztać konia za nieposłuszeństwo. Krzyknij, gdy jest to konieczne. Bądź stanowczy i odważny. Musisz mieć pewność, że poradzisz sobie z każdym złym zachowaniem czy nawet odwetem, na jaki koń może się odważyć w wyniku kary. Jeśli jesteś zdenerwowany, koń się zorientuje. Musi wiedzieć, że to ty jesteś szefem. Jeśli więc masz poradzić sobie z jego nieposłuszeństwem, musisz być bardzo stanowczy i natychmiast wyraźnie zareagować, gdy zrobi coś niewłaściwego. Nie trać nad sobą panowania i nie karz konia zbyt ostro – możesz tym zniszczyć zaufanie, jakie pokłada w tobie jako przyjacielu. Nie karz go zbyt łagodnie – zlekceważy karę. Nie strofuj go – kara będzie dla konia bez znaczenia i zignoruje ją. Gdy będziesz ją bez przerwy powtarzać, jednak niezbyt silnie, nauczy się całkowicie to ignorować, ponieważ nic złego nie wydarzyło się, gdy ją ignorował. Znów mamy częste wystawienie na działanie bodźca. Każda kara, jeśli już trzeba się do niej uciec, musi być na tyle wyraźna, żeby koń nie zaryzykował powtórki.

Jednak kiedy to możliwe, staraj się szkolić konia za pomocą nagród, nie kar. Postęp będzie o wiele szybszy, a praca przyjemniejsza.

Rozdział VII

Usposobienie koni

Każdy koń jest inny

Konie mają bardzo różne usposobienia. Są tak różne jak ludzie. Niektóre są tchórzliwe, nerwowe, spięte, inne dominujące. Bywają delikatne, wesołe, odważne i leniwe. Niektóre są czułe, inne gwałtowne, niektóre zrównoważone i spokojne, inne zaś płochliwe lub głupie. Nie istnieje nic takiego jak przeciętny koń. Konie nie są maszynami, których budowa fizyczna i psychika odpowiadałyby jednemu projektowi. Każdy ma jakieś swoje zwyczaje, słabości, problemy i mocne strony. Jeśli więc chcemy szkolić konie w inteligentny sposób, musimy zrozumieć nie tylko fizjologię i psychologię koni ogólnie, ale także psychikę i usposobienie każdego konia, którego szkolimy. Musimy użyć intelektu, aby opracować najwłaściwszy plan szkolenia dla danego zwierzęcia.

Konie się zmieniają

Nigdy nie poprzestawaj na jednej ocenie twojego konia. W miarę postępu szkolenia jego umysł i ciało rozwijają się i zmieniają. Staje się on innym stworzeniem pod względem mentalnym i fizycznym. Śledząc zmiany, musisz zdawać sobie sprawę z tej metamorfozy i dostosowywać do niej metody szkolenia. To, co skutkowało dwa miesiące temu, dziś może być bezcelowe! Pamiętaj także, że nastrój konia może się bardzo zmieniać zależnie od pory roku, w przypadku klaczy zależnie od cyklu rozrodczego, a w przypadku wszystkich koni zależnie od pogody i pożywienia. Konie zmieniają się także z wiekiem. Zmienia im się charakter, a czasem i temperament w miarę postępu szkolenia. Analiza ich charakterów nie jest czymś statycznym, ale wymaga ciągle nowego podejścia.

Różnice między płciami

Istnieją ogólne, dobrze znane różnice pomiędzy klaczami, wałachami i ogierami. Istnieje nawet powiedzenie: „Wałachowi możesz oznajmić, klacz pytasz, a z ogierem dyskutujesz". Wałachy są przeważnie bardziej „wyluzowane" i radzą sobie z tym, że się nimi pomiata, a nawet niesprawiedliwie traktuje. Stosunkowo łatwo sobie z nimi poradzić. Klacze są bardziej wrażliwe i będą czuły się urażone szorstkim czy bezmyślnym traktowaniem ze strony jeźdźca. Wiele osób z tego powodu nie decyduje się na posiadanie klaczy. Prawda jest jednak taka, że jeśli nie radzisz sobie z klaczą, nie jesteś najlepszym jeźdźcem. Klacze wymagają taktu i opiekuńczości, z czym część jeźdźców, szczególnie niecierpliwi mężczyźni, sobie nie radzi. Jeśli klacz zostanie niesprawiedliwie ukarana, będzie bardzo nieszczęśliwa i da o tym znać jeźdźcowi. Jeśli zostanie nagrodzona za dobrze wykonane zadanie, odpłaci podwójnie staraniem, aby cię zadowolić. Jako kobieta jestem w stanie wczuć się w takie zachowanie i z nim sympatyzować. Istnieje także inne powiedzenie: zła klacz to najgorszy z koni, dobra zaś klacz – najlepszy. Jestem przekonana, że to prawda, o ile oczywiście jeździec jest w stanie wydobyć z niej to, co najlepsze.

Spójrz głębiej w ich charakter

Trener musi umieć rozpoznać, z jakim typem konia ma do czynienia, aby móc ocenić, jak się z nim obchodzić, aby wydobyć z niego to, co najlepsze. Każdemu koniowi można przypisać podstawowy typ usposobienia, który dość łatwo rozpoznać, ale ma także swoje dziwactwa, sympatie i antypatie, których zauważenie może zająć trochę czasu. Poświęć czas na obserwację konia, jego reakcji i zwyczajów. Obserwuj jego osobowość i zachowanie pod mikroskopem, abyś wiedział, w jaki sposób przyjmie twoje szkolenie. Jeśli dobrze poznasz konia, będziesz mógł dopasować metody szkolenia i przygotować się na to, co może się wydarzyć. Pomoże ci to poradzić sobie z potencjalnie trudnymi sytuacjami.

Konie mogą być tępe lub inteligentne, leniwe lub żywe, spięte lub spokojne, czułe lub nieczułe i złośliwe, dobrze wychowane lub źle wychowane, pewne siebie lub wrażliwe. Podstawowe usposobienie stanowi rdzeń osobowości konia i rzadko się zmienia z upływem lat. Możemy kształtować zachowanie konia przez szkolenie, ale pod spodem nadal będzie się kryła ta sama osobowość. Złośliwego konia można nauczyć dobrych manier, a leniwego zmusić do żwawszej pracy, ale przez cały czas będziemy walczyć z jego naturą – formowanie charakteru to żmudna praca, a podstawowa osobowość konia często będzie brała górę.

Tępi uczniowie: Niektóre konie nie są zbyt bystre. Nie są w stanie pojąć lekcji, którą inny koń zrozumiałby natychmiast. Jeśli wiesz, że twój koń jest tępy i wolno się uczy, musisz, ucząc go nowych rzeczy, mieć więcej cierpliwości. Zamiast się niecierpliwić, spróbuj znaleźć inny sposób, aby zrobił to, o co prosisz. Nie zmuszaj go do wysiłku intelektualnego. Jesteś jego nauczycielem. Tak jak wszyscy dobrzy nauczyciele musisz znaleźć najlepszy sposób przekazania uczniowi informacji.

Pojętni uczniowie: Jeśli koń szybko pojmuje lekcję i łatwo się nudzi, zadbaj, by przez cały czas miał zajęty umysł. Pamiętaj, aby nie zmuszać jego ciała do zbytniego wysiłku przyspieszając szkolenia, jeżeli umysłowo jest bardziej rozwinięty niż fizycznie.

Nerwowe konie: Jeśli wiesz, że twój koń jest nerwowy, nie ma sensu się na niego złościć – doprowadzisz go tym do szału. Musisz zachować spokój podczas szkolenia i unikać wszystkiego, co może wywołać w nim napięcie. Przeczytaj rozdział na temat napięcia, aby dowiedzieć się, w jaki sposób możesz pomóc koniowi się rozluźnić.

Leniwe konie: Jazda na koniu, który wlecze się, kiedy tylko to możliwe, jest niezwykle frustrująca. Zakłusuje jedynie po licznych ponagleniach łydkami jeźdźca, i to zazwyczaj powoli. Galop jest praktycznie niemożliwy! Zwiększenie dawki paszy treściwej oraz zmniejszenie ilości siana i trawy może dodać zwierzętom energii. Energiczny jeździec również może pomóc wymagając więcej i nie akceptując naturalnej powolności konia.

Energiczne konie: Ubóstwiają szybko się poruszać i – o ile nie są spięte – fantastycznie się na nich jeździ. Bywa, że niektóre z nich niecierpliwią się, kiedy każe się im zwolnić, szczególnie gdy mija je inny koń. Jeśli ich szybkość i entuzjazm stanowią problem, może pomóc zmniejszenie dawki paszy treściwej. Być może warto też użyć innego wędzidła.

Czułe, nieczułe i złośliwe konie: Konie często rodzą się jako czułe lub nieczułe, ale to, jak są traktowane przez ludzi, może wiele zmienić. Jeśli koń został pozbawiony czułości, stanie się niezdolny do dawania jej. Sytuację można odwrócić, jeśli człowiek poświęci czas, miłość i uwagę swojemu koniowi. Ważne jest także, aby koń szanował osobę, która się nim zajmuje. Rzadko uda ci się zapoczątkować miłość i czułość u niezdyscyplinowanego konia. Oczywiście istnieją konie, które z natury są nieczułe czy złośliwe, i żadna miłość, uwaga i/lub dyscyplina nie zmusi ich do odwzajemnienia czułości.

Dobrze wychowane i źle wychowane konie: Możesz myśleć, że maniery konia zależą od dyscypliny i szkolenia. Ogólnie rzecz biorąc masz rację, ale niektóre konie rodzą się z dobrymi manierami. Nigdy nie wpadają na jeźdźca, nie następują mu na palce u stóp i nie wyciągają ze stajni. Zatrzymują się, gdy ty się zatrzymujesz i ostrożnie obchodzą cię dookoła, jeśli stoisz im na drodze. Z drugiej zaś strony mamy konie, które nigdy nie wiedzą bądź nie obchodzi ich, gdzie stawiają kopyta. Idą, gdzie chcą – bynajmniej nie omijając tych, którzy stoją im na drodze. Można poprawić ich zachowanie odpowiednimi treningami, ale i tak zdarzy się, że zapomną o wszelkich naukach i nadepną cię lub pociągną w porywie entuzjazmu, aby dostać się tam, gdzie chcą.

Pewne siebie konie: Niektóre konie po prostu dobrze się czują w swojej skórze. Nie zamartwiają się zbytnio, niewiele jest w stanie je przestraszyć i z radością podejmują nowe wyzwania.

Wrażliwe konie: Część koni nie najlepiej czuje się podczas wielkich wydarzeń, takich jak np. wystawy. Owa wrażliwość zwykle przejawia się w nerwowości, ale niektóre konie zamykają się w sobie i nie są w stanie dać z siebie wszystkiego. Im częściej konie będą stykać się z takimi sytuacjami, tym szybciej się uspokoją. Pamiętaj, że niektóre konie nie okazują napięcia, ale tłumią wszystko w sobie. Na zewnątrz wydają się spokojne i rozważne, ale w rzeczywistości w środku wszystko wrze. Jeśli twój koń pasuje do tej kategorii, poświęć mu tyle samo czasu i uwagi, ile poświęciłbyś koniowi otwarcie spiętemu.

Niektóre konie źle reagują na presję podczas pracy. Choć fizycznie są w stanie wykonać zadanie, nie radzą sobie z obciążeniem umysłu. Inne denerwują się, jeśli się na nie krzyknie lub uderzy niesprawiedliwie. Stają się wtedy spięte lub wycofane. Często trudno określić, z jaką ilością pracy koń jest sobie w stanie poradzić, mądrze jest więc iść do przodu małymi kroczkami.

Wiele koni denerwują przeprowadzki. Trochę czasu zajmuje im przywyknięcie do nowego, obcego otoczenia. Zanim to nastąpi, mogą być wyciszone i nieszczęśliwe. Takie konie należy traktować ze szczególną delikatnością i sympatią w tym trudnym dla nich okresie. Poświęcenie im więcej uwagi pomoże przyzwyczaić się do nowego miejsca. Muszą poznać nowych przyjaciół, zarówno wśród koni, jak i ludzi, zaoferuj im więc swoją przyjaźń i postaraj się nawiązać z nimi więź. Konie te lepiej się przyzwyczajają, gdy w nowym domu panują takie same zwyczaje i gdy znają swoje miejsce w hierarchii, zarówno wśród koni, jak i swoich ludzkich towarzyszy. W tym czasie warto wykorzystać ich niepewność i od samego początku pokazać im standardy zachowania, jakich od nich wymagasz. O wiele łatwiej zająć wtedy pozycję szefa. Tak jak nowy członek klubu poznaje regulamin, tak koń musi otrzymać od ciebie listę zasad, kiedy wchodzi w nowe środowisko. Stosunkowo łatwo ustalić to na początku, a im później chcielibyśmy coś zmienić, tym trudniej.

Dopasuj konia do jeźdźca

Usposobienie jeźdźca i konia powinny wzajemnie się uzupełniać. Jeśli jesteś nieśmiały, nie wybieraj dominującego lub narowistego konia. Zdominuje cię lub śmiertelnie wystraszy. Jeśli jesteś bardzo spokojnym jeźdźcem, nie dosiadaj leniwego konia. Powolnością nic nie zdziałasz. Powinieneś wybrać konia pełnego energii. Jeśli natomiast sam masz ognisty temperament, nie będzie ci odpowiadał koń o takim samym usposobieniu. Sto mil na godzinę może okazać się zabójczym tempem!

Pamiętam pewnego kuca, piękną kasztankę, którą kupiliśmy dla naszej jedenastoletniej wtedy córki. Było to bardzo narowiste i nerwowe zwierzę, a moja córka była zdecydowana odnieść sukces. Miała silną motywację i myślała perspektywicznie. Klacz jednak przez cały czas nad nią panowała i w końcu postanowiliśmy ją sprzedać. Sądziliśmy, że znalezienie jej odpowiedniego domu będzie trudne, i że potrzebny jej silny, doświadczony jeździec. Byliśmy zdumieni, kiedy pojawiło się drobne, delikatne dziecko. Gdy jej dosiadło, klacz natychmiast przeistoczyła się w spokojne, łagodne stworzenie. Tych dwoje nawiązało silną, pełną miłości więź. Koń właśnie tej miłości potrzebował, również delikatnego traktowania, którego nasza córka na tym etapie swojego życia nie mogła zwierzęciu zapewnić.

Metody szkolenia odpowiednie dla konia

Twój plan szkolenia powinien być dopasowany do ucznia. Jeśli ten łatwo się nudzi, podtrzymuj jego zainteresowanie różnorodnością lekcji. Jeśli wyjątkowo szybko się uczy, naucz go czegoś nowego. Jeśli trudno mu skupiać się przez dłuższy czas, niech lekcje będą krótkie. Jeżeli jest pobudliwy, lekcje powinny być nudne, aby mógł się uspokoić. Jeśli jest uparty i odmawia wykonania jakiegoś zadania, a ty chcesz uniknąć walki, znajdź sposób, aby podstępem zmusić go do wykonania go tak, aby się nie zorientował. Możesz również spróbować takiego podejścia, jeśli zwierzę jest uparte i nieposłuszne. Jeżeli jednak to nie zadziała, musisz odważnie stawić mu czoła i sprawić, żeby zrozumiał, że musi robić to, co mu każesz.

Lista różnych typów usposobienia jest niemal niewyczerpana. Musisz sam zorientować się, jaki jest twój koń, i jak najlepiej się z nim obchodzić.

Szczęśliwy koń

Stan umysłu twojego konia to podstawa. Szczęśliwy koń, któremu zależy na jeźdźcu i który czuje, że jeźdźcowi zależy na nim, będzie o wiele lepiej pracował niż ten, który zmuszany jest do pracy. Staraj się zbudować relację opartą na zaufaniu, traktując swojego wierzchowca sprawiedliwie i nie przeciążając go. Niech spędzony wspólnie czas będzie zabawą. Koń zawsze powinien być twoim przyjacielem i wiedzieć o tym. Powinien chcieć robić to, czego ty chcesz. To, czego uczy się w radosnej atmosferze, bardziej go cieszy, dzięki czemu będzie wkładał w pracę więcej wysiłku i osiągał lepsze wyniki. Podczas treningów często nagradzaj go i pozwalaj mu odpocząć. Każde napięcie, dyskomfort czy krzyk koń skojarzy z zadaniem, które przed nim stawiasz, i może nigdy nie wykonać go z radością ani też nie da z siebie wszystkiego. Niemiłe wspomnienia na długo pozostaną w jego pamięci i zepsują pracę, która mu się z nimi kojarzy. Staraj się uprzyjemniać to, co robicie. Kiedy to tylko możliwe, unikaj przysparzania zwierzęciu stresu, niewygody czy bólu. Unikaj kary, chyba że jest absolutnie konieczna.

Wyobraź sobie dziecko podczas lekcji gry na pianinie, na które krzyczano, krytykowano je i bito po dłoniach. Porównaj z dzieckiem, które nauczyciel często chwalił, rzadko beształ i starał się, aby lekcje były zabawą. Nawet jeśli to pierwsze dziecko miało motywację, aby zostać pianistą, szybko pozbędzie się tego pragnienia. Przestaje się starać dla swego nauczyciela. W jego grze brak inspiracji i radości. Zostało ich pozbawione siłą. Poznasz to po tym, jak gra. Dziecko uczące się w miłej atmosferze czerpie przyjemność z nowych lekcji i stara się ucieszyć nauczyciela. Gra dziecka jest odbiciem radości, jaką znajduje w muzyce.

Tak samo jest z końmi. Koń przymuszany do pracy będzie osiągał kiepskie wyniki. Brakuje mu inspirującego, pełnego energii ruchu, który powinien odzwierciedlać radość, jaką znajduje w dobrym wykonywaniu pracy i sprawianiu przyjemności jeźdźcowi. Tak zachowuje się koń, którego jeździec jest troskliwy i myślący, który dba, aby lekcje były mniej żmudne, przyjemniejsze, chwali i nagradza konia, nie wymagając również zbyt wiele.

Zaufanie i szacunek, którymi – mamy nadzieję – obdarzy nas wierzchowiec, nie przychodzą lekko. Trzeba na nie zapracować. Musisz starać się znajdować sposoby, aby koń czerpał radość z pracy. Nie jest to jednak łatwe. Musisz także zdobyć jego szacunek i posłuszeństwo. Połączenie tych dwóch opcji nie jest oczywiste.

Czasem będziesz musiał naciągnąć więź do granic możliwości, zmuszając konia, aby pracował ciężej, niż by chciał. Przede wszystkim jest on sportowcem, a trening sportowca jest trudny. Musisz pamiętać, że bez pracy niczego się nie osiągnie. Postaraj się znaleźć zdrową równowagę. Nie przemęczaj konia, nie stresuj go zbytnio, dbaj, aby się nie nudził. Przede wszystkim nie złość się na niego i nie trać panowania nad sobą. Trening powinien być interesujący i zróżnicowany. Chwal swego ucznia i pozwalaj mu często odpoczywać. Twój koń powinien nie móc doczekać się następnej lekcji – nigdy nie powinien się jej bać. Jeśli zadanie, jakie ma wykonać, jest szczególnie trudne lub stresujące, nie przedłużaj lekcji. Czasem niewielkie osiągnięcie wystarczy. Niekiedy lekcja musi być dłuższa, jeśli koń ma kłopot ze zrozumieniem, czego od niego oczekujesz. Być może mógłbyś lepiej mu to wytłumaczyć, nieraz nie ma innego wyjścia, jak iść mozolnie krok po kroku. Jeżeli tak się zdarzy, niech będzie to wyjątkowa sytuacja, w przeciwnym razie koń będzie oczekiwał lekcji z równym entuzjazmem, co tortur.

Można osiągnąć bardzo wiele w krótkim czasie, gdy koń jest naturalnie uzdolniony i wysportowany, albo gdy dużo od niego wymagasz. Koń musi pracować we własnym tempie, ustalonym przez jego fizyczne i psychiczne zdolności. Jeśli potrafisz zrozumieć swojego konia i to, co stara się ci powiedzieć, będzie dla ciebie oczywiste, z jaką pracą sobie poradzi. Jeżeli zbytnio na niego naciskasz, zwierzę nie cieszy się pracą, bo kojarzy mu się z dyskomfortem. Szkoląc konia miej na względzie jego uczucia. Zawsze słuchaj tego, co próbuje ci powiedzieć.

Bez pracy nie ma kołaczy

Istnieje rzecz jasna druga strona tej sympatycznej, delikatnej metody szkolenia. Rozwijanie możliwości sportowych konia nie jest dla niego łatwe. Stopień trudności zależy częściowo od jego wrodzonych zdolności, a częściowo od poziomu, do którego dążysz. Można porównać go do kulturysty, który stara się poprawić budowę swojego ciała na siłowni, czy też do baletnicy, przechodzącej wyczerpujący trening. Może wymagać wielu, wielu godzin żmudnej pracy. Jeśli chcesz ćwiczyć na siłowni lub tańczyć w balecie – masz motywację. To twoja decyzja. Jednak to nie koń decyduje o tym, że ma wykonywać trudne zadania. Nie zawsze jest zapalony tak jak ty do tego, by osiągnąć ostateczny cel. Nie zawsze podoba mu się praca, jaka do tego celu doprowadzi. Nieuniknione są więc sytuacje, kiedy praca wyda mu się ciężka i niechętnie będzie ją wykonywał, będziesz więc musiał czasem zmusić go do czegoś, czego nie będzie chciał zrobić. Wtedy właśnie musisz użyć wszystkich swoich umiejętności i wyczucia, aby przekonań go do kontynuowania. Może to być dla niego ciężkie, ale o ile nie jesteś gotów go zmusić, a on nie jest gotów tego zrobić, nie wzniesie się ponad swój poziom. W takich właśnie sytuacjach, których może być wiele, musisz potwierdzić swoją dominację. Koń musi wiedzieć, że to ty jesteś szefem.

Mięśnie trzeba trenować, aby rozwijać ich siłę, rozciągać ciało, aby nadać mu elastyczność – to niełatwe dla konia. Musisz jednak nalegać. Poprawa wyników wymaga mozolnej pracy, nieraz trudnej i nużącej. Bywają długie okresy, kiedy wydaje się, że nic się nie uda osiągnąć. Jeżeli koń ma do ciebie zaufanie, jest bardziej prawdopodobne, że zrobi to, o co go prosisz, gdy musi popracować ciężej. Wie, że nie będziesz bezlitośnie kazał mu kontynuować, jeśli coś go boli, jest zmęczony lub czuje dyskomfort. Jeśli trafi się wam taka właśnie lekcja, szepnij swojemu wierzchowcowi na ucho: „Bez pracy nie ma kołaczy". Jeśli ci ufa i słucha cię, wasza relacja pozostanie, miejmy nadzieję, nietknięta. Osiągniesz, że koń tak bardzo będzie czuł się twoim partnerem, że będzie chciał zrobić to, czego ty chcesz. Twoja radość stanie się jego radością, a twoje sukcesy jego sukcesami!

Rozdział VIII

NAPIĘCIE

Napięcie to część usposobienia koni, jest jednak tak istotne, że zasługuje na osobny rozdział.

NAPIĘTY UMYSŁ

Spięty koń nigdy nie będzie w stanie dać z siebie wszystkiego. Odnosi się to szczególnie do ujeżdżenia i skoków, ale ważne jest także w innych sferach jeździectwa. Koń jest zbyt „nakręcony" przez owo napięcie, aby skupić się w pełni na tym, co robi, czy na twoim poleceniu. W najlepszym wypadku będzie rozproszony. W najgorszym – może to całkowicie zepsuć jego występ, doprowadzić do szału i sprawić, że stanie się niebezpieczny. Aby prawidłowo wykonywać zadania, koń musi być rozluźniony. Jest to równie ważne podczas treningów, jak i podczas zawodów. Jeszcze bardziej istotne jest podczas jazdy w terenie, szczególnie na drogach publicznych. Jeśli twój koń ciągle obawia się prawdziwych bądź wymyślonych rzeczy, jazda dla niego i dla jeźdźca jest nieprzyjemna i niebezpieczna. Kiedy odskakuje od tego, co go przeraziło, może znaleźć się na drodze nadjeżdżającego pojazdu – i nieszczęście gotowe.

SPIĘTE CIAŁO

Jeśli koń ma napięty umysł, również jego ciało jest spięte. Jeśli ma być sportowcem, musi być rozluźniony. Napięcie sprawia, że jego ciało staje się sztywne, brak mu elastyczności niezbędnej do prawidłowej pracy. Wszystkie mięśnie i ścięgna są napięte i skurczone. Grzbiet jest sztywny, nieelastyczny, być może także zgarbiony. Kroki konia są krótkie i przerywane. Napięcie nigdy nie pozwoli koniowi wykorzystać jego fizycznych zdolności do maksimum.

Różne rodzaje napięcia

Większość koni pod wpływem stresu staje się podenerwowana i spięta. Niektóre okazują napięcie przyspieszając wszystko, co robią. Inne robią się poirytowane i zmienia się ich charakter. Kładą uszy i grożą ugryzieniem, podczas gdy zawsze są łagodne jak baranki. Czasem zestresowane konie „zamykają się w sobie", są nietypowo spokojne i pozbawione motywacji. Takie konie często ociągają się także podczas pracy z innymi końmi, idąc o wiele wolniej niż zazwyczaj.

Przyczyny napięcia

Natura konia

Niektóre konie są spięte z natury. Niezwykle trudno to zmienić, a czasem jest to po prostu niemożliwe. Możesz jednakże wykorzystać pewne tendencje występujące u koni. Na przykład większość koni uspokaja się w otoczeniu, w którym czuje się bezpieczna, a staje się niespokojna w miejscach nieznanych. Zapewniając im częsty kontakt z nieznanym otoczeniem sprawiasz, że mogą się do niego przyzwyczaić i rozluźnić.

Parcours może być dla twojego konia czymś nowym. Gdy się tam znajdzie, może być spięty i osiągać gorsze wyniki. Z tego powodu musiałbyś zrezygnować z konkursów. Spięty koń jest przerażający i zasmucający. Jeśli jednak chcesz, żeby przywykł do konkursów skoków, zabieraj go na nie jak najczęściej. Niech przerwa pomiędzy nimi będzie jak najkrótsza. Po kilku razach okaże się, że staną się one dla konia czymś znajomym, dzięki czemu stanie się mniej spięty. Pamiętaj, że ty sam musisz być spokojny i opanowany. Napięcie konia z łatwością udziela się jeźdźcowi, a ono z kolei koniowi. Tylko ty jesteś w stanie przerwać to błędne koło.

Konie, które stały się spięte

Ból, strach oraz obawa przed bólem są bardzo silnymi i zrozumiałymi przyczynami napięcia. Jeśli koń przestraszył się lub poczuł ból, stanie się napięty za każdym razem, gdy będzie miał do czynienia z przyczyną strachu lub bólu. Może pamiętać wypadek albo strach przed przeszkodą. Z powodu ich niezwykłej pamięci trudno jest przekonać konia, że podobne rzeczy się nie powtórzą. Musisz nauczyć swojego konia, że sytuacje te nie grożą już niebezpieczeństwem. Osiągniesz to przez częste wystawianie go na podobne okoliczności oraz upewnianie, że nic złego się nie wydarzy. Koń wkrótce zrozumie, że jego obawy nie są już uzasadnione. Na przykład, jeśli koń ma traumę spowodowaną skokiem przez zbyt wysoką przeszkodę, może bać się teraz wszelkich skoków. Jeśli uda się go przekonać do skoków przez niewielkie przeszkody, zrozumie, że istnieją przeszkody, które jest w stanie pokonać. Lepiej skakać przez niskie przeszkody, codziennie, przez tydzień lub dwa. Niech utkwi mu w pamięci, że jest w stanie to zrobić i że nic złego nie dzieje się podczas skoków. Za każdym razem niech będzie to kilka skoków. Po udanym skoku pochwal konia. Naucz go, aby kojarzył skoki z przyjemnością. Wspomnienie bólu czy strachu powinno zniknąć. Potem możesz stopniowo zwiększać wysokość przeszkód, dbając o to, by nie przestraszyć konia.

Wysokie przeszkody, czy możliwość bólu, nie są jedynymi powodami strachu u koni. Praca na maneżu może być zbyt forsowna i trudna i spowodować, że koń będzie obawiał się wszelkich ćwiczeń na maneżu. Jeśli koń jest spokojny, poza szkoleniem na maneżu, zrób założenie, że wymagano od niego czegoś zbyt trudnego. Postaraj się, aby przez tydzień lub dwa wykonywał jedynie bardzo proste ćwiczenia, lekcje powinny być krótkie i ciekawe, a po nich nastąpić odpowiednia nagroda. To powinno pomóc mu przełamać strach.

Jeżeli jesteś w stanie przypomnieć sobie, jakie zadanie było wykonywane, zanim pojawiło się napięcie i co faktycznie je spowodowało, możesz zapobiec takiej ponownej sytuacji. Prawdopodobnie koń nie był dość silny lub gibki, aby poradzić sobie z poziomem zadania, jakie przed nim postawiłeś. Jeśli wejście na kolejny poziom zaawansowania sprawia, że koń staje się spięty, załóż, że napięcie powoduje cięższa praca. Wróć do prostszych zadań i skup się na takich, które sprawią, że koń będzie dość silny, aby przejść na następny poziom. Musisz zawsze upewnić się, że koń jest w pełni przygotowany do poziomu zadań, które każesz mu wykonać. Nigdy nie ucz konia czegoś nowego czy trudnego wtedy, gdy jest zmęczony.

Złe zachowanie

Czasem koń może źle się zachowywać i wiesz, że przyczyną tego jest napięcie. Może coś go przestraszyło albo były inne powody tego stanu. Być może myślisz, że nie warto zmuszać konia do pracy, kiedy jest w takim stanie, bo masz doświadczenie, że niezależnie od tego, jak długo próbowałeś, koń nie zaczął lepiej się zachowywać.

W takich sytuacjach najgorsze, co możesz zrobić, to przerwać pracę. Nagradza to jego złe zachowanie. Niezwykle istotne jest, aby kontynuować ćwiczenia, aż koń znowu zacznie się dobrze zachowywać, choćby przez chwilę. Musisz zawsze zakończyć dobrą nutą, bo od niej zaczniesz następnym razem. Wytęż wyobraźnię, aby znaleźć sposoby, by skłonić konia do dobrego zachowania. Każ mu wykonać łatwe zadanie. Zmień miejsce ćwiczeń, jeśli gdzie indziej koń poczuje się bardziej bezpieczny. Głaszcz go i mów do niego łagodnie, aby go uspokoić. Możesz spróbować mu pośpiewać – czasem to pomaga… a czasem nie! Może jeśli pozwolisz mu działać na luźnych wodzach, poczuje się lepiej. Jest tak wiele powodów, dlaczego koń się źle zachowuje, oraz potencjalnych metod załagodzenia tego, że nie sposób ich wszystkich tu wymienić. Musisz poznać swojego konia i dowiedzieć się, jak mu pomóc.

Powinieneś zakończyć lekcję tylko wtedy, kiedy koń prawidłowo wykonał jakieś zadanie. Nieważne, jaką taktyką się posłużysz, aby do tego doprowadzić, jeśli ci się to uda, zwyciężysz.

Jeżdżenie na koniu bez sympatii do zwierzęcia, krzyczenie na niego i bicie go powoduje, że koń niepokoi się, czy nie wydarzy się to następnym razem, skutkiem tego niepokoju jest napięcie.

Może się wydawać, że konie mają podwójną osobowość. Mogą być spięte, a zarazem krnąbrne. Jedno wydaje się wynikać z drugiego. Konie, tak jak ludzie, stają się zdezorientowane i czasem agresywne, kiedy się boją czy są spięte. Kiedy koń zaczyna się źle zachowywać, łatwo przeoczyć, że sprawił to strach, i nakrzyczeć na niego za nieposłuszeństwo. Niestety wzmaga to jego strach i pogarsza zachowanie. Dlatego tak ważne jest dbanie o to, by koń czuł się szczęśliwy, nie ulegając mu, ale rozumiejąc. Musisz przekazać mu, aby robił to, co chcesz, w prosty i zrozumiały dla niego sposób – zarówno psychicznie, jak i fizycznie.

Ważne, aby odróżnić złe zachowanie konia, wynikające ze strachu, od zwykłego nieposłuszeństwa. Jeśli przestraszony koń źle się zachowuje, nie denerwuj się. Postaraj się go uspokoić. Potem, spokojnie i zdecydowanie, wyjaśnij mu ponownie, co ma zrobić, i każ mu to wykonać. Jeśli zadanie jest dla niego zbyt trudne, każ mu zrobić coś podobnego, ale nieco łatwiejszego.

Jeśli zachowanie konia wzbudza w tobie strach albo sprawia, że jesteś spięty bądź zły, widać to w sposobie, w jaki się z nim obchodzisz. M u s i s z pokonać emocje, zanim przejdziesz do dalszej pracy, ponieważ sprawiają one, że stajesz się ostry lub niepewny, na co koń może źle reagować. Wie, kiedy jesteś zdenerwowany. Orientuje się, kiedy nie jesteś pewną siebie, silną osobą, która jest w stanie się nim opiekować i mówić mu, co ma robić. Traci wtedy poczucie bezpieczeństwa, a jego zachowanie pogarsza się jeszcze bardziej. Zawsze staraj się jeździć spokojnie i pewnie. Przenosisz te uczucia na konia i sprawiasz, że i on jest spokojny i pewny. Jeśli boisz się lub jesteś wściekły, okazując te emocje sprawiasz, że i zwierzę staje się pełne obaw. Musisz być dobrym aktorem i udawać spokojną, pewną siebie osobę. Powinieneś jednak stać się spokojną osobą, zamiast udawać, że tak jest.

Spięci jeźdźcy

Koń wie, kiedy jeździec jest spięty. Nogi jeźdźca przylegają do boków konia, czuje więc napięcie jeźdźca po silniejszym nacisku łydki. Koń myśli, że jeździec chce, aby przyspieszył. Tak więc robi. To sprawia, że jeździec denerwuje się jeszcze bardziej i szarpie wodze, co z kolei powoduje, że koń robi się jeszcze bardziej spięty. Spięty jeździec nie jest również w stanie rozluźnić pleców. Opuszczając się w siodle, nie absorbuje we właściwy sposób wagi swojego ciała. Siada gwałtownie, prosto na kręgosłup konia. To denerwuje konia i sprawia mu ból i, co zrozumiałe, zwierzę robi się jeszcze bardziej spięte.

Koń, na którym jeździ się w ten sposób, nie może być zadowolony. Jest mu niewygodnie, ponieważ jeździec trzyma się go nogami, skraca wodze i/lub jest sztywny w krzyżu. Napięcie jeźdźca jest natychmiast przekazywane koniowi, ponieważ konie są niezwykle wyczulone na to, czym emanuje nasze ciało. Koń zastanawia się nad powodem, dla którego jeździec jest spięty, i także się napina. Nie może być rozluźniony, dopóki jeździec nie będzie w stanie się rozluźnić. Koń, na którym ciągle jeździ spięta osoba, może stać się trwale spięty – przejmując osobowość jeźdźca.

Spięty jeździec nie podejmuje właściwych decyzji i boi się konia. Strach ten może przejawiać się w agresji i braku cierpliwości. Spróbuj dostrzec go w sobie i oprzyj się pokusie reagowania przeciwko koniowi. Być może obawiacie się siebie nawzajem! Nierzadko widzi się zdenerwowaną osobę wyładowującą się na koniu, który ją przestraszył. Dość często powodem jest to, że spięty koń reaguje nerwowo płosząc się, podnosząc głowę, idąc w bok i tym podobne. To wywołuje strach u nerwowego jeźdźca czy u osoby zajmującej się koniem, która w odwecie karci konia, sądząc, że jest on krnąbrny. Nieuchronnie sprawia to, że koń staje się jeszcze bardziej nerwowy i spięty. Gdyby jeździec miał nieco rozsądku, zorientowałby się, że koń był spięty, pogłaskałby go i uspokoił, zamiast spinać jeszcze bardziej przez bicie. Zapewne zdarzyła ci się sytuacja, kiedy bałeś się trochę konia lub byłeś wobec niego niepewny. Stałeś się wtedy spięty i nie mogłeś jeździć na koniu ani traktować go tak, jak powinieneś. Jeśli koń sprawia, że jesteś nerwowy, faktycznie trudno zachować spokój i prowadzić go pewną ręką. Ale jeśli czujesz jakikolwiek niepokój, sprawisz, że będzie jeszcze bardziej przerażony i przerażający. Znów musisz grać i udawać, że jesteś spokojny, nawet jeśli w rzeczywistości tak nie jest.

Wiatr

Konie, szczególnie te, które mają skłonność do nerwowości, często stają się spięte, gdy wieje wiatr. Wiatr upośledza im słuch. Dźwięki, które słyszałyby w normalnej sytuacji, zakłóca szum wiatru. Słuch koni jest zazwyczaj bardzo dobry. Koń posługuje się nim w naturalnym środowisku, a także w warunkach udomowienia, aby zapewnić sobie bezpieczeństwo. Koń usłyszy potencjalne zagrożenie, jeśli jest ono słabo widoczne. Świadomość, że ma tak dobry słuch, rozluźnia go. Pozbawiony tej możliwości staje się nazbyt czujny i zaczyna reagować na najdrobniejszy ruch. Stara się wzrokiem zastąpić słuch. Szarpie się we wszystkie strony, aby zobaczyć, co się dzieje wokół niego. Naturalnie jest wtedy bardziej spięty i nerwowy, ponieważ ma mniejszą możliwość ostrzeżenia przed nadejściem drapieżnika. Jest bez przerwy czujny i gotowy do ucieczki. Owo napięcie to mechanizm samoobrony.

Częste wystawianie na działanie bodźca nie przynosi w tym przypadku pozytywnych efektów. Nerwowość w sytuacji zakłócenia słyszalności tak mocno tkwi w naturze konia, że częstotliwość kontaktu z wiatrem nie zmieni tego.

Zdyscyplinowany koń, który ma zaufanie do swojego jeźdźca, lepiej niż inne konie zachowuje się przy wietrznej pogodzie. Mimo to na jego koncentrację wpływa odwrócenie uwagi, powodowane przez próbę usłyszenia pomimo wiatru i zobaczenia tego, czego nie może usłyszeć.

Niewłaściwe lub zbyt obfite karmienie (szczególnie bogatą trawą na wiosnę)

Jeśli system trawienny konia jest przeciążony bogatą wiosenną trawą (a czasem wczesnojesienną) bądź nadmierną ilością paszy treściwej, produkuje toksyny, które doprowadzają konia do szału. Zróżnicowany metabolizm sprawia, że problem ten jest mniejszy u jednych koni, poważniejszy zaś u innych. Konie czystej krwi, o delikatnej budowie, cierpią mniej niż konie masywne, których przemiana materii jest wolniejsza.

Jeśli koń cierpi z powodu zbyt bogatej trawy, zmniejsz mu jej ilość lub wypuszczaj na uboższe pastwisko. Możesz również rozważyć podanie suplementu magnezowego.

Z ilością paszy treściwej łatwo jest przesadzić. To również sprawia, że konie mogą być podniecone. Nasze naturalne pragnienie, aby koniowi było jak najlepiej, często prowadzi do przekarmienia. Zachowujemy się jak pobłażliwa matka, która podaje smakołyki swojemu otyłemu dziecku. Jeśli twój koń szaleje z powodu nadmiernej ilości pożywienia, zredukuj ją do absolutnego minimum, być może ograniczając się do samego siana. Karm go w ten sposób przez kilka dni. Jeśli to właśnie przekarmienie stanowi problem, zauważysz różnicę w zachowaniu zwierzęcia, które powinno teraz zacząć wracać do równowagi. Jeśli przy zmniejszonej racji żywieniowej koń utrzyma kondycję fizyczną i będzie miał dość energii, aby wykonywać swoją pracę, utrzymaj ten poziom. Jeśli jednak jego kondycja pogorszy się, czy też będzie mu brakowało energii, zwiększ odrobinę ilość paszy. Co dwa, trzy dni zwiększaj ilość pożywienia, aż osiągniesz taki poziom, na którym będzie mu ono dostarczać wystarczającą ilość energii, by mógł wykonywać pracę, jakiej od niego wymagasz, ale bez wariackich zachowań. Musisz dobrać dietę dla danego konia. Nie ma dokładnych wytycznych co do ilości pożywienia, bo potrzeby każdego konia są inne[8].

Obce otoczenie lub okoliczności

Koń, który nigdy nie był na zawodach czy gdziekolwiek, gdzie jest duże zgromadzenie koni, będzie denerwował się z powodu obecności wielu koni, robiących nieznane mu rzeczy. Zwykle to mija, gdy koń weźmie udział w kilku takich imprezach, nieoddalonych od siebie zbytnio w czasie (częste wystawianie na działanie bodźca). Niektóre konie wpadają w panikę na widok owiec czy osłów (szczególnie ryczących), gdy po raz pierwszy widzą je z bliska. Większość koni wpada w szał na widok świń. Jeśli często je widzą, mogą z czasem mniej się denerwować, choć strach przed świniami niekiedy nie mija nigdy.

Brak dyscypliny jeźdźca

Albo koń, albo jeździec musi być dominującą stroną w tej relacji. Jeśli jeździec nie ustali swej dominacji, przejmuje ją koń. W takim przypadku koń robi to, czego wymaga od niego jeździec tylko wtedy, gdy mu to pasuje. Uważa, że to on panuje nad sytuacją (co jest prawdą), a co za tym idzie, jest odpowiedzialny za to,

---

[8] Godna polecenia jest książka *Żywienie koni* M. Budzyńskiego.

co się dzieje. Z tego powodu to on, a nie jeździec, musi podejmować decyzje. To często sprawia, że koń staje się nerwowy i brak mu poczucia bezpieczeństwa.

Przypomina to nieco sytuację, w której dorosły i dziecko znajdują się razem w potencjalnie niebezpiecznej sytuacji, na przykład podczas przechodzenia przez jezdnię. Jeśli odpowiada za decyzje dorosły, dziecko jest spokojne, polega na kompetencjach i wiedzy starszej osoby. Zwykle dorosły pewnie trzyma dłoń dziecka i całkowicie przejmuje kontrolę. Dziecko uspokaja się, ponieważ ufa dorosłemu, który, ostrożnie i spokojnie, przeprowadza ich oboje przez jezdnię. Gdyby dziecko samo przekraczało jezdnię, byłoby poruszone i spięte, rozglądałoby się na boki obserwując drogę. Prawdopodobnie oceniłoby, czy jest bezpiecznie i przebiegło na drugą stronę. Nie cieszyłoby się z tego doświadczenia. Po fakcie trzepotałoby mu serce. Tak samo koń, który czuje dominację jeźdźca, uspokaja się, ponieważ wie, że jeździec jest silny, podejmie właściwe decyzje i zatroszczy się o niego. Nie martwi się, co robić. Jeździec mu to powie. Jeśli uważa, że tak się nie stanie i że będzie musiał sam podjąć wszelkie decyzje, będzie spięty.

Dyscyplina

Czasem koń źle się zachowuje i musisz przywołać go do porządku, uderzając go lub podnosząc głos. Niektóre konie, szczególnie te wrażliwe z natury, denerwują się, jeśli zostaną ukarane, nawet, jeśli kara była zasłużona. Niektóre zaczynają się wtedy zachowywać jeszcze gorzej! Jeśli przypuszczasz, że złe zachowanie to kolejne nieposłuszeństwo, znów krzyczysz na konia. To z kolei pogarsza jego zachowanie. Ale w rzeczywistości ten drugi występek spowodowany jest przez napięcie, ponieważ koń denerwuje się, że został ukarany. Po pierwszej karze, która być może jest nieunikniona, natychmiast pogódź się z koniem. Przypomnij mu, że nadal go kochasz, głaszcząc i przemawiając do niego łagodnie. Jeśli jest to koń wrażliwy, wymaga łagodnych kar. Słowna reprymenda na ogół powinna wystarczyć.

Niekonsekwencja jeźdźca

Jeździec musi absolutnie jasno wyrazić, czego oczekuje. Jeśli niewłaściwie używa pomocy bądź nie jest w stanie wymóc na koniu, aby usłuchał pomocy, koń może być zdezorientowany. Nie wie bowiem, czego chce od niego jeździec, i dlatego musi sam podejmować decyzje. Koniowi jest o wiele łatwiej, jeśli to jeździec panuje nad sytuacją. Wtedy może się rozluźnić. Konsekwentny jeździec uspokaja konia. Twój wierzchowiec zawsze musi wiedzieć, czego od niego żądasz, i że będziesz nalegał, aby wykonał zadanie.

Nienaturalny styl życia

Koń zamknięty w stajni na całe dnie, tygodnie, miesiące czy nawet lata, wyprowadzany jedynie do pracy, będzie o wiele bardziej podatny na napięcie niż koń, któremu wolno paść się całymi dniami.

Oczekiwanie

Koń może stać się spięty, ponieważ oczekuje, że wydarzy się coś, co bardzo lubi lub czego nie lubi. Przypuśćmy na przykład, że uczysz konia nowego manewru, z którym ma fizyczne lub mentalne trudności. Polecenie, aby wykonał to zadanie, może sprawić, że stanie się spięty – to zrozumiałe. Może jednak napiąć się, ponieważ s ą d z i, że polecisz mu je wykonać, nawet jeśli nic o tym nie wspomniałeś. Może pracowałeś nad tym codziennie mniej więcej o tej samej godzinie, która się właśnie zbliża. Oczekiwanie sprawia, że koń staje się spięty. Być może już mu kazałeś to wykonać i przechodzicie teraz do czegoś innego, ale on nadal tego oczekuje.

Także oczekiwanie na coś pozytywnego może sprawić, że koń stanie się spięty. Pewnego dnia jechałam na swojej klaczy o innej porze niż zwykle. Było późne popołudnie, tuż przed karmieniem. Moje zwykle spokojne zwierzę robiło wszystko piorunem. Myślało, że po powrocie będzie na nie czekać w stajni jedzenie i niecierpliwiło się. Co dziwniejsze, doświadczyłam niedługo potem podobnego uczucia, kiedy przygotowywałam posiłek dla siebie. Byłam głodna, a jedzenie wyglądało tak kusząco, że złapałam się na tym, że robię wszystko w pośpiechu. Oczekiwanie na posiłek sprawiło, że stałam się spięta. Konie są niemal zawsze spięte tuż przed podaniem pożywienia albo przed wyjściem ze stajni. Mój wałach zawsze oddaje mocz tuż przed tym, jak mam podać mu jedzenie lub wyprowadzić na dwór – dziwny sposób okazywania napięcia, ale dość powszechny! Niektóre konie są spięte tuż przed tym, jak je dosiądziesz i dlatego źle się zachowują podczas siodłania. Nie jestem pewna, czy jest to oczekiwanie na coś dobrego – czy wręcz przeciwnie!

Sposoby złagodzenia napięcia

Napięcie podwyższa rytm serca. Możemy postarać się uspokoić konia i obniżyć rytm jego serca głaszcząc go po grzywie, tak jak wiskałby go jego koński przyjaciel. Jest to szczególnie przydatne podczas jazdy, kiedy twoje dłonie są tuż przy jego grzywie. Przemawianie do niego łagodnym tonem również może działać uspokajająco. Czasem koń może być zbyt spięty, by w ogóle zauważyć, co robisz. Nie poddawaj się zbyt szybko, ponieważ może chwilę potrwać, zanim przebijesz się przez napięcie.

Jeśli twój koń należy do spiętych z natury, postaraj się znaleźć sytuacje, w których jest mniej spięty. Wykorzystaj je do szkolenia, być może po tym, jak był na pastwisku przez godzinę czy dwie. Koń, który wrócił z pastwiska, często będzie spokojniejszy niż ten, który stał w stajni wiele godzin czy dni. Jeśli na polu jest dużo trawy, uważaj, aby nie uszkodzić płuc. Żołądek znajduje się blisko płuc. Podczas pracy płuca konia rozszerzają się, aby dostarczyć ciału więcej tlenu. Jeżeli żołądek jest pełny, płuca mają mniej miejsca na rozszerzenie się, mogą być wtedy uciskane, a nawet uszkodzić się.

Jeżeli chcesz skorzystać z tego, że koń ma pełny żołądek, aby mieć spokojnego wierzchowca, nie wysilaj go i nie pozwól, aby przyspieszył mu oddech. Najlepiej jest dosiadać konia pół godziny po tym, jak dostał niewielką ilość paszy, kiedy żołądek nie jest już pełny, ale koń nie czuje się głodny. Pomyśl, jak zadowolony czujesz się po jedzeniu. Rzadziej bywasz wtedy podenerwowany czy spięty. Ale ponieważ masz pełny żołądek, nie masz ochoty na intensywny ruch. Pół godziny później czułbyś się o wiele lepiej.

Twój koń nie powinien spędzać zbyt wiele czasu w stajni bezczynnie, trzeba go częściej i na dłużej wyprowadzać na wybieg. Jeżeli brak mu towarzystwa, szczególnie innych koni, zapewnij mu je. Jeśli jego życie będzie przypominało takie, jakie prowadziłby w naturze, zwiększasz szanse, że będzie miał spokojną osobowość.

Myślący jeździec

To od ciebie jako myślącego jeźdźca zależy zorientowanie się, co powoduje, że twój koń jest spięty i – jeśli to możliwe – znalezienie sposobów, aby stał się spokojniejszy.

Zmęczenie konia

Można by sądzić, że zmęczony koń będzie mniej spięty, ale z jakiegoś niezgłębionego powodu konie zawsze mają dość energii, aby być spięte. W rzeczywistości zmęczenie dość często czyni konia jeszcze bardziej spiętym.

Środki uspokajające

Dzięki nim osiągasz pożądany efekt i koń staje się mniej spięty, ale niestety również senny i niebezpieczny.

Niedobór magnezu

Koń, który cierpi na niedobór magnezu, może stać się bardzo spięty, rozdrażniony, niechętny do współpracy i ogólnie rzecz biorąc „nie jest sobą". Napięcie to może trwać przez długi czas – dopóki w jego organizmie nie znajdzie się odpowiednia ilość magnezu. Stres powoduje utratę większej ilości tego pierwiastka niż zwykle. Okoliczności, takie jak: zmiana rozkładu zajęć, zimna pogoda, wypadek, pierwsze zawody, podróż (szczególnie długa), ciężka praca czy cokolwiek, co powoduje strach lub stres, przyczynia się do utraty magnezu. Niestety współczesne metody uprawy nie zapewniają wystarczającej ilości magnezu, aby można było w naturalny sposób uzupełnić jego ilość w organizmie.

Niedobór magnezu może być także spowodowany bogatą trawą lub przekarmieniem koncentratami.

Na rynku jest kilka produktów zawierających magnez. Mają magiczny efekt na usposobienie konia cierpiącego z powodu niedoboru tego pierwiastka. W zasadzie już po kilku dniach wraca on do normalności. Jeżeli twój koń staje się spięty w pewnych sytuacjach, rozważ podanie mu suplementu magnezowego na kilka dni wcześniej.

Ziołowe, homeopatyczne i probiotyczne preparaty

Niektórzy ludzie nie mogą bez nich żyć – inni uważają je za bezskuteczne. Musisz sam podjąć decyzję, wypróbować i zobaczyć, czy odpowiadają twojemu koniowi.

Rozdział IX

Co lubią konie?

A może – czy jest cokolwiek, co konie lubią? A jeśli tak, dlaczego?

Ponieważ kochamy konie, robimy różne rzeczy, aby je uszczęśliwić. Zapewniamy im dobre pożywienie, ciepłą stajnię, towarzystwo innych koni, wypuszczamy w słoneczny wiosenny dzień na pastwisko pełne świeżej trawy. Lista ta oparta jest na tym, czego konie potrzebują, aby przeżyć. Są to: ciepło, pożywienie i ochrona stada. Cieszą nas rzeczy, których potrzebujemy do przeżycia, zakładamy więc, że w przypadku koni jest tak samo. Lubimy myśleć, że nasi przyjaciele dobrze się czują i bawią.

A gdybyśmy spróbowali dodać do tej listy inne rzeczy, które sprawiają nam przyjemność, a które naszym zdaniem lubią nasze konie? Galopowanie z innymi końmi, skakanie, jazda pod siodłem. Czy jesteśmy teraz w świecie fantazji? To m y to lubimy, odnosimy więc naszą przyjemność do koni. Czy mamy rację, czyniąc takie założenia? Żadna z tych rzeczy nie jest koniom potrzebna do przetrwania (poza pewnymi okolicznościami), ale wydaje się, że niektóre konie naprawdę to lubią. Dlaczego niektóre konie bardziej niż inne lubią jakieś zajęcia? Dlaczego na przykład niektóre wydają się ubóstwiać skoki, podczas gdy inne trzeba do nich zmuszać?

Skąd bierze się różnica? Czy to jedynie kwestia upodobań, tak jak niektórzy ludzie lubią jabłka, a inni nie, czy są bardziej praktyczne powody? Czy niektóre konie nie lubią skoków, ponieważ są mniej sprawne fizycznie? A może boją się skoków z powodu brutalnego lub nieprawidłowego treningu? Obie przyczyny byłyby zrozumiałe. Ale czy niektóre konie lubią bądź nie lubią różnych rzeczy bez żadnego szczególnego powodu?

Niektóre konie wydają się ubóstwiać wyścigi. Zawsze chcą prowadzić. Inne chętnie zostają z tyłu i trudno je przekonać do choćby najmniejszego wysiłku, aby wyprzedziły inne konie. Można sądzić, że być może są z natury powolne, ale nie w tym rzecz. Te same konie, które wolą pozostawać z tyłu, niekoniecznie muszą poruszać się powoli poza grupą. Po prostu nie lubią być przed innymi. Fizyczne przyczyny tego nie wyjaśniają. Jeśli mogą poruszać się szybko, gdy są same, nie ma żadnego fizycznego powodu, aby w grupie poruszały się powoli. Musimy zatem przypuszczać, że to usposobienie konia wpływa niekorzystnie na jego pracę. Po prostu tego nie lubi. Tak jak niektórzy ludzie lubią grę w golfa, a inni nie.

A co z trenerem koni wyścigowych, który trenował konia za koniem i stawiał je do wyścigów? Traktował i trenował wszystkie konie dokładnie w ten sam sposób. Wszystkie zostały wyhodowane specjalnie do wyścigów i powinny mieć fizyczne zdolności. Jak inaczej można wyjaśnić różnice w często bardzo różnych osiągnięciach, jak nie tym, że niektóre lubią ten sport, inne zaś nie?

My, ludzie, musimy zawsze być ostrożni z antropomorficzną oceną zwierząt. Bywają sytuacje, gdy niektóre konie zachowują się jak ludzie, a naukowy umysł natychmiast chce to odrzucić. Być może jednak czasem konie zachowują się jak my. W końcu ludzie podporządkowali sobie konie i jeździli na nich przez tysiące lat, a jedną z przyczyn sukcesu jest podobieństwo naszych gatunków.

Wiemy, że okoliczności mogą zniechęcić konia do pewnych rzeczy. Jeśli tak jest, logika sugeruje, że można sprawić, aby koń coś polubił. Na przykład, jeśli za każdym razem, gdy koń pokona przeszkodę, pogłaszczemy go lub nagrodzimy smakołykiem, nauczy się kojarzyć skok z przyjemnością. W końcu być może zacznie myśleć, że lubi skakać, nawet jeśli początkowo było inaczej. Taktyka ta ma szersze odniesienie.

Jeśli wszystko, co dzieje się podczas ciężkiej lub nużącej pracy, jest naprawdę przyjemne – odpoczynek, pochwała lub smakołyk – koń myśli o treningu jak o czymś przyjemnym. Zmienia się cała atmosfera treningu. Szkolenie powinno być przyjemne, zarówno dla konia, jak i jeźdźca. Jeśli do tej pory było inaczej, od teraz powinniście zacząć pracować razem jako partnerzy.

Czy koń czuje radość jeźdźca? Jeśli jeździec przystępuje do jazdy z entuzjazmem, być może koń odbiera radość jeźdźca i dzieli ją. To jednak zapewne za dużo powiedziane. Bardziej prawdopodobne jest to, że koniowi sprawiają przyjemność naturalne konsekwencje radości jeźdźca, takie jak pieszczota czy smakołyki, które kojarzy z jazdą. Jeszcze bardziej prawdopodobne jest to, że koń naprawdę lubi jazdę, jeśli nie wymaga ona od niego wiele pod względem psychicznym ani fizycznym.

Czy konie potrafią kochać?

Znów wracamy do antropomorfizmu. Kochamy konie, chcemy zatem, aby zachowywały się tak jak my i odwzajemniały naszą miłość. Chcielibyśmy uważać je za lojalne, myślące stworzenia, które przybiegną, by wybawić nas z niebezpieczeństwa. Choć jest to naciąganie rzeczywistości, niektóre konie są w stanie zrobić bardzo wiele dla swych jeźdźców, wykraczając znacznie poza swoje obowiązki.

Konie z pewnością okazują pewien rodzaj uczuć w stosunku do ludzi. Często wypatrują swojego właściciela, gdy zostaną od niego oddzielone, i radośnie rżą, gdy ponownie go zobaczą. Niektóre konie podupadają na zdrowiu, także psychicznym, jeśli na zbyt długo zostaną oddzielone od swych właścicieli. Być może zatem mają emocje. Ale czy można nazwać to uczucie miłością?

Po pierwsze musimy zdefiniować miłość. Najbardziej oczywista jest miłość oparta na pociągu seksualnym, co możemy raczej w tym przypadku pominąć. Istnieje również miłość nieerotyczna, którą można darzyć przyjaciela. Opiera się na wzajemnym szacunku i wspólnych zainteresowaniach. Jest także miłość do dziecka, oparta na rodzicielskim uczuciu i potrzebie przetrwania gatunku. Jesteśmy zaprogramowani, aby kochać nasze dzieci, żeby chronić nasze młode. Równolegle istnieje miłość dziecka do rodzica. Rodzi się ona z potrzeby poczucia bezpieczeństwa i troskliwego, silnego towarzysza. Dzieci są zaprogramowane, aby kochać osobę, która zapewnia im jedzenie, ciepło, schronienie i ochronę. Taka miłość ma sens, gdy chce się przetrwać. Teraz zbliżamy się do związku, jaki konie mają z innymi końmi. Oparty jest on na potrzebie przetrwania. Szukaniu pożywienia, potrzebie towarzystwa zapewniającego ochronę. Jeśli wejdziemy w rolę, jaką odgrywają dla naszego konia inne konie, nie trzeba wielkiej wiary, aby stwierdzić, że pod względem emocjonalnym zajmiemy miejsce przeznaczone dla innego konia. Jak bliskie jest to ludzkiemu uczuciu zwanemu miłością – nigdy się nie dowiemy.

Widzieliśmy, jak konie okazują i odbierają czułość, kiedy nawiązują więź z innymi końmi. Demonstrują silną potrzebę przynależności oraz poczucia, że ktoś się o nie troszczy. Dzieci okazują kucykom uwagę i czułość. Kiedy dorastamy, często zakładamy, że konie nie potrzebują czułości, ponieważ są zwierzętami. Jako dzieci okazywaliśmy ją tylko po to, aby zaspokoić własną potrzebę dawania miłości. Ale być może się mylimy. Być może konie lubią czułość i odwzajemniają ją. Jeśli przyjrzysz się kucom, którymi zajmują się dzieci, zauważysz, że z pewnością sprawia im przyjemność ten bardzo wyjątkowy i przynoszący satysfakcję związek.

Podczas zbierania materiałów do tej książki celowo traktowałam swoje konie z większą troską i uwagą. Zauważyłam różnicę w ich stosunku do mnie. Ich towarzystwo sprawia mi większą przyjemność, a one są szczęśliwsze z powodu zmiany naszej relacji. Obchodzę się z nimi z większą troską i jestem bardziej życzliwa w stosunku do nich podczas szkolenia. Rzadko się na nie złoszczę. Zawsze poświęcam więcej czasu i uwagi na wyjaśnienie im, czego chcę. Nie zmuszam ich do wykonania zadania tak bardzo jak dawniej. Pozwalam im na odpoczynek, jeśli praca jest stresująca. Częściej je chwalę i przerywam pracę, jeśli czuję, że mają dosyć. Wszystko to sprowadza się do tego, że kocham je i bardziej się o nie troszczę. Nigdy nie uwierzyłabym, że spowoduje to taką różnicę w ich zachowaniu i samopoczuciu.

Tytuł tego rozdziału brzmi: „Co lubią konie?” Jedno jest pewne. Konie lubią, gdy się je kocha i życzliwie traktuje, i w dwójnasób odpłacają za okazaną im troskę.

Rozdział X

Natura jeźdźca

Doświadczony jeździec ma wiele umiejętności i bogatą wiedzę. Jako nauczyciel potrafi porozumieć się ze swoim wierzchowcem. Jako sportowiec umie i ma możliwości fizyczne, aby jeździć i prawidłowo szkolić konia. Chcesz tak wyszkolić konia, aby miał siłę kulturysty oraz piękno i grację baletmistrza. Aby to osiągnąć, musisz zrozumieć mechanikę ruchu i równowagi konia. Musisz połączyć emocje i umiejętności opiekuna i nauczyciela – zaprzyjaźniając się ze swym koniem i kochając go – z siłą surowego pana.

Zrozumienie własnej natury jest ważne dla oceny możliwości szkolenia konia. Ludzie różnią się od siebie i dlatego twój związek z koniem będzie się różnił od tego, jaki miałaby inna osoba na twoim miejscu. Bardzo istotne jest, aby zrozumieć swoją osobowość i to, jaką relację masz ze swoim koniem. Musisz ocenić swoje mocne strony, aby je wzmocnić, i słabości, aby nad nimi popracować.

Warto obserwować naturę i temperament odnoszących sukcesy jeźdźców, aby sprawdzić, czy mają ze sobą coś wspólnego. Czy jakieś usposobienie jest najbardziej właściwe z punktu widzenia szkolenia koni? Czy odnoszący sukcesy jeźdźcy mają cechy, które możemy naśladować?

Spokój i cierpliwość prawdopodobnie znalazłyby się na szczycie listy pożądanych cech i są najczęściej dostrzeganymi zaletami. Spokojny, myślący jeździec, w przeciwieństwie do zbyt mocno reagującego, sprawia, że i koń staje się spokojniejszy. Cechy te pomagają także jeźdźcowi w podejmowaniu najrozsądniejszych decyzji, jeśli sytuacja staje się niepewna.

Dobry jeździec ma naturalną lub nabytą zdolność zdominowania konia. Sprawia, że koń wie, iż jeździec jest jego szefem, którego woli zawsze musi się podporządkować. Nie jest okrutny ani nie potrzebuje uciekać się do agresji, aby uzyskać posłuszeństwo lub ustanowić dominację.

Determinacja i nieustępliwość także są wysoko na liście. Szkolenie konia to długi proces, często pojawiają się problemy. Musisz przetrwać burze. Nie możesz się poddać, kiedy coś się nie udaje. Zdeterminowany jeździec będzie próbował ciągle od nowa.

Najbardziej niepożądane cechy to niecierpliwość i skłonność do tracenia kontroli nad sobą. Utrata panowania nad sobą zawsze przynosi efekty przeciwne do zamierzonych.

Umiejętność nawiązywania więzi z koniem oraz empatii wobec jego myśli i uczuć jest powszechna wśród najlepszych trenerów. Kochają oni swe konie i dbają o nie niemal jak o własne dzieci. Wesoły, zadowolony koń, który ufa swojemu trenerowi, da z siebie więcej niż ten, który jest nieszczęśliwy i nieufny.

Trener nie osiągnie sukcesu bez odwagi. Karząc niesfornego konia ryzykujesz, że cię zrzuci. Musisz być odważny i zawsze stanowczy wobec potencjalnie niebezpiecznego stworzenia.

W twojej naturze może nie być tych wszystkich pożądanych cech. Jednak dzięki determinacji możesz je przyswoić. Przez wewnętrzną dyscyplinę staniesz się bardziej cierpliwy, a z odpowiednią motywacją całej reszty można się nauczyć.

Napięcie u jeźdźców przeszkadza rozluźnionej, delikatnej jeździe. Taki stan wywołuje zdenerwowanie, zdenerwowanie wywołuje też zbyt duża motywacja. Zbyt zmotywowany jeździec może zajeździć swojego wierzchowca, naciskając na niego przez cały czas. Wykańcza to jeźdźca, wykańcza też konia, a napięcie nigdy nie przynosi dobrych efektów w szkoleniu. Jeździec musi świadomie starać się rozluźnić. Pomóc może śpiewanie lub mruczenie w rytm chodu konia. Zaletą rozluźnienia jest głębszy dosiad i spokojniejsze reakcje. To uspokaja konia, a jeździec zyskuje lepsze poczucie ruchu i zachowania konia.

Wielkim atutem, niewspomnianym do tej pory, jest talent, dar intuicyjnego rozumienia, co, kiedy i jak należy zrobić. Różnym ludziom został on dany w różnym stopniu! Jeśli go nie posiadasz, jedyną alternatywą jest ciężka praca i korzystanie z porad znajdujących się w takich książkach jak ta.

Rozdział XI

Równowaga człowieka

Równowaga jest jednym z podstawowych elementów jeździectwa. Musimy zrozumieć stojącą za nią mechanikę. Im lepszą mamy równowagę, tym lepiej będziemy jeździć, a przez to łatwiej nam będzie uczyć konia utrzymania równowagi. Musimy zrozumieć, jak rozmieszczenie ciężaru ciała wpływa na efektywność i bezpieczeństwo jazdy oraz kierunek, w którym koń idzie.

Po pierwsze, musimy zrozumieć, w jaki sposób zachowujemy równowagę własnego ciała, gdy nie jeździmy konno.

Zachowanie równowagi

Stań prosto, rozmieść ciężar ciała jednakowo na każdej nodze, ręce opuszczone po bokach, głowa prosto. Patrz przed siebie. W naturalny sposób powinieneś zachować równowagę i móc stać w tej pozycji w pełni rozluźniony, nie czując napięcia w żadnej części ciała. Patrząc na ciało z tyłu lub z przodu narysuj w wyobraźni pionową linię, idącą w górę od środka przerwy między stopami (rysunek 2a). Linia powinna przebiegać wzdłuż kręgosłupa i dzielić na pół środek głowy. Po obu stronach linii ciężar ciała powinien być rozłożony równomiernie.

Następnie spójrz z boku, jak na rysunku 2b. Narysuj w wyobraźni pionową linię do góry od punktu znajdującego się w tej samej odległości od pięty i kłębu palucha. Linia ta powinna przechodzić przez środek ciała i głowy. Ciężar ciała powinien być równomiernie rozłożony po obu stronach linii.

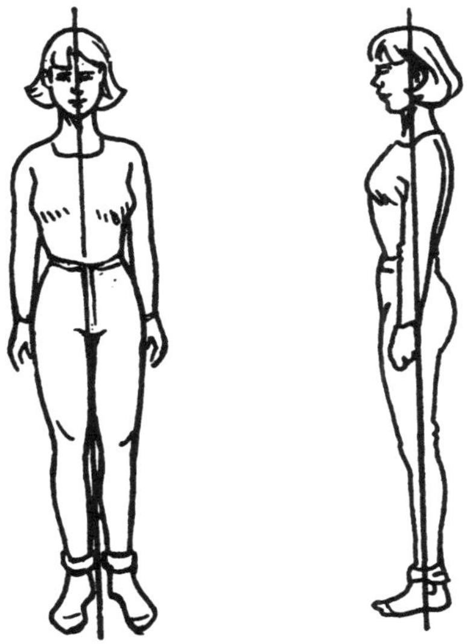

a b

Rys 2. Prawidłowa równowaga człowieka

Zakłócenie równowagi przód-tył

Lekko pochyl górną część ciała do przodu, jak na rysunku 3. Zwróć uwagę na napięcie palców stóp i mięśni nóg. Większa część ciężaru ciała znajduje się na palcach niż na piętach. Nie masz już naturalnej równowagi. Wkładasz wysiłek, aby nie upaść do przodu. Jeśli narysujesz w wyobraźni pionową linię w górę od punktu znajdującego się w równej odległości od pięty i kłębu palucha, ciężar po obu stronach linii rozłożony będzie nierównomiernie.

Zakłócenie równowagi bocznej

Jeśli pochylisz się na bok, będziesz starał się utrzymać równowagę na jednej nodze. Ciężar ciała opiera się na jednej nodze. Pionowa linia idąca ze środka podtrzymującej pięty nie dzieli równomiernie ciężaru ciała.

Rys. 3. Brak równowagi

Teraz pochyl całe ciało w lewo, aż poczujesz, że się przewracasz, jak na rysunku 4a. Teraz znacznie zaburzasz równowagę ciała. Twoje ciało może to skompensować jedynie gdy zrobisz krok w kierunku, w którym się pochylasz. W efekcie twoje nogi przesuwają się pod ciebie i chwytają górną część ciała, aby zapobiec upadkowi, jak na rysunku 4b.

Twoje ciało jest zaprogramowane, aby zachować cię w pozycji pionowej. Instynktownie dopasowuje się do zmiany pozycji. Dzieje się to poza twoją świadomością. Czasem, gdy tracisz równowagę, zamiast powrócić do równowagi napinasz inną część ciała, aby się nie przewrócić. Często nie zdajesz sobie sprawy, że to robisz. Oznacza to, że można iść (i jechać) z większym ciężarem po jednej stronie ciała niż po drugiej, i nie zdawać sobie z tego sprawy! Aby pozostać w pozycji pionowej, gdy tracisz równowagę, ciało musi napiąć mięśnie. Napięcie to wpływa na całe ciało. Przypomnij sobie, jak palce twoich stóp i łydek były napięte, kiedy lekko pochyliłeś się do przodu. Gdy nie siedzisz na koniu, ów brak równowagi obciąża twoje ciało, powodując w efekcie urazy, szczególnie kręgosłupa. Podczas jazdy konnej jeździec o nieprawidłowej równowadze ciała może kłaść nieproporcjonalny ciężar na jeden bok konia, powodując zakłócenie równowagi konia. Jeśli na przykład jedziesz przechylając się na jedną stronę, jak pokazano na rysunku 5, nakładasz na tę stronę większy ciężar. Brak równowagi sprawi, że koń będzie czuł dyskomfort i napięcie, a także będzie się starał wrócić do równowagi, robiąc krok w tę stronę, tak jak osoba na rysunku 4b.

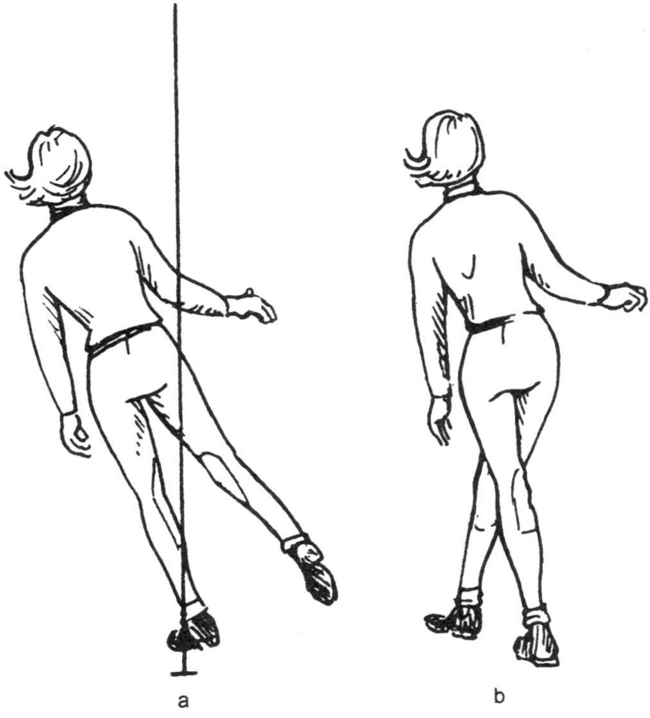

Rys. 4 a) Człowiek tracący równowagę
b) Korygowanie braku równowagi przez przestawienie nogi pod środek ciężkości

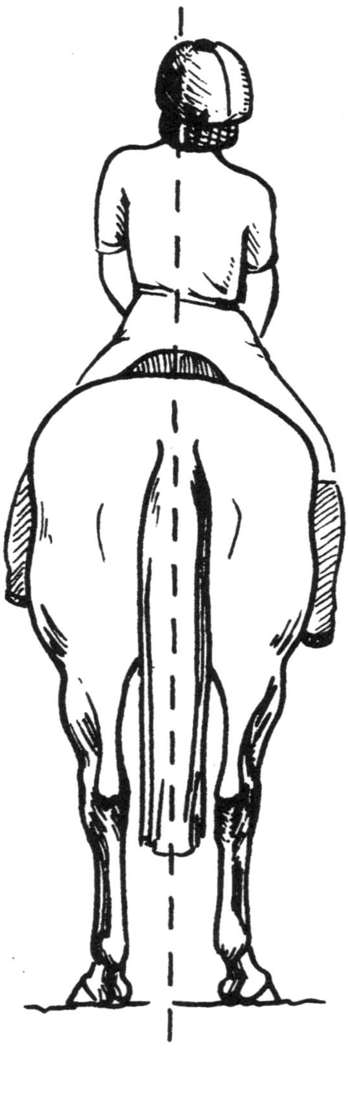

Rys. 5. Zbyt duży ciężar na prawym biodrze

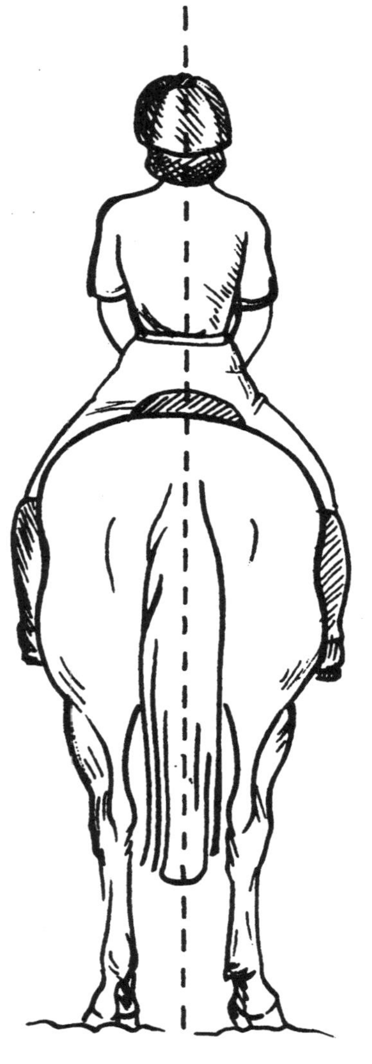

Rys. 6. Prawidłowa równowaga

Aby zachować równowagę w pozycji stojącej, musisz ten sam ciężar opierać na obu nogach. Podczas jazdy równowagę zachowasz rozmieszczając ciężar ciała równomiernie na obu kościach biodrowych. Przy spojrzeniu z tyłu powinno być możliwe narysowanie pionowej linii w górę od punktu znajdującego się w tej samej odległości od tylnych nóg konia. Linia ta powinna przebiegać przez ogon i kręgosłup konia, następnie kręgosłup jeźdźca, a na końcu dzielić na pół głowę jeźdźca. Ciężar ciała jeźdźca powinien być równomiernie rozmieszczony po obu stronach linii.

Jeździec na rysunku 6, w przeciwieństwie do tego na rysunku 5, utrzymuje prawidłową równowagę nad środkiem ciężkości konia, a ciężar jego ciała jest równomiernie rozłożony na obu stawach biodrowych.

Chwytanie się nogami

Ponieważ masz zakłóconą równowagę, czujesz, jakbyś miał spaść z konia. Chwytasz konia nogami, aby się przytrzymać. Przez to niemożliwy jest głęboki dosiad, bo nogi pchają cię w górę w siodle. Najbardziej efektywny dosiad osiąga się, gdy nogi są otwarte i rozluźnione, co pozwala jeźdźcowi usiąść głęboko w siodle i mieć maksymalny kontakt z ciałem konia.

Chwytanie nogami powoduje napięcie. Napięcie sprawia, że nie możesz się rozluźnić, a to podstawa jazdy. Napięcie przenosi się na konia, który także staje się spięty. Rozluźniony jeździec siedzi głęboko w siodle i czuje ruchy konia. Staje się częścią ruchu konia i lepiej czuje, co dzieje się pod nim. Jeśli jesteś spięty, staje się to niemożliwe.

Chwytanie konia nogami zaburza działanie łydek. Nogi powinny jedynie delikatnie dotykać boków konia. Gdy używamy łydki, wzmacniamy nacisk nóg, aby przekazać koniowi informację. Jeśli jednak nogi cały czas naciskają, ponieważ trzymasz się nimi konia, nie ma żadnego marginesu pozwalającego zwiększyć napięcie, aby powiedzieć koniowi, czego od niego chcesz.

Jeśli siedzisz krzywo, czujesz się mniej pewnie. Z tego powodu część uwagi poświęcasz, aby się utrzymać na koniu. Ma to miejsce nawet wtedy, gdy przechylasz się jedynie nieznacznie. Jesteś bardziej skupiony na tym, aby pozostać na koniu, niż na jeździe jako takiej. Trzymasz się nogami, które pozostają w jednej pozycji po bokach konia, zamiast poruszać się, gdy potrzeba precyzyjnie użyć pomocy.

Ciężar

Koń wie, kiedy po jednej stronie ciała ma większy ciężar. Czuje, że zaraz spadniesz. Instynkt każe mu zrobić krok w kierunku potencjalnego upadku, aby złapać twój ciężar.

Wyobraź sobie, że na ramionach trzymasz dziecko. Jeśli masz małe dziecko, po prostu spróbuj to zrobić. Kiedy dziecko przechyla się na jedną stronę, jak na rysunku 7, twoją natychmiastową reakcją będzie zrobienie kroku w tę samą stronę, w którą pochyla się dziecko, aby podtrzymać ciężar ciała dziecka. Koń będzie chciał zrobić to samo z tobą.

Posługujemy się tym samym przeniesieniem ciężaru ciała jako pomocą, gdy chcemy, aby koń przesuwał się na boki. Jednak jeśli chcemy poruszać się po linii prostej, musimy utrzymać ciężar naszego ciała pośrodku.

Rys. 7. Spróbuj wziąć na ramiona dziecko

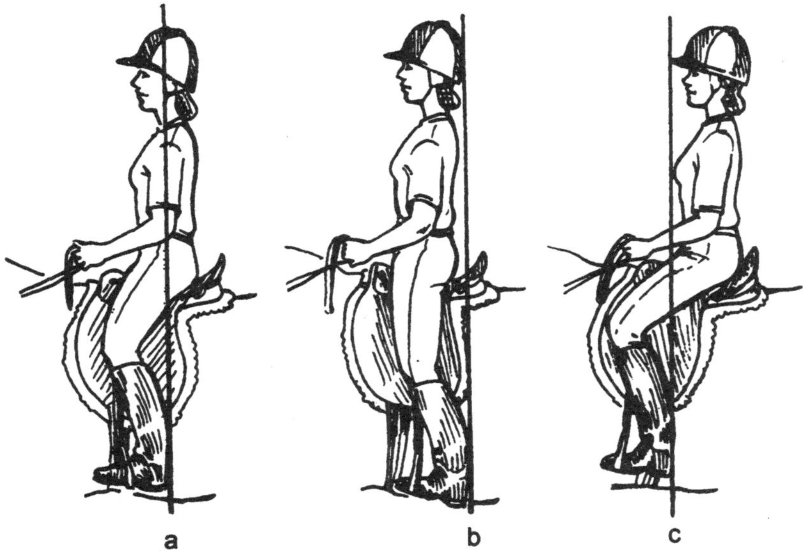

Rys. 8.

Równowaga przód-tył

Siedząc na koniu narysuj w myślach linię idącą pionowo w górę od tyłu pięty. Jeśli jeździec zachowuje równowagę, linia ta powinna biec pionowo w górę od tyłu pięty, przez biodro, łokieć, ramię i ucho. Jeśli zbyt duży ciężar przeniesiony jest na przód linii środkowej, jak w przypadku jeźdźca siedzącego z miednicą zbytnio wysuniętą do przodu (jak na rysunku 8b), czy w przypadku jeźdźca patrzącego w dół, dodatkowy ciężar umieszczony jest na przodzie konia. Jeśli zbyt duży ciężar znajduje się za linią, jak w przypadku jeźdźca siedzącego z miednicą opuszczoną do tyłu, niczym w fotelu (rysunek 8c), jeździec nie jest w stanie usiąść głęboko w siodle. Jego nogi zwisają, nieefektywnie, po bokach konia.

Przenieś większość ciężaru ciała na kości kulszowe. Aby lepiej poczuć prawidłowy dosiad, połóż dłonie pod kośćmi kulszowymi i pozwól, aby ciężar ciała oparł się na nich. Powinieneś czuć ciężar dociskający dłonie. Zabierz dłonie i nadal staraj się poczuć ciężar ciała naciskający na powierzchnię, na której siedzisz – siodło lub krzesło. Rozłóż ciężar równomiernie na obu kościach, aby utrzymać równowagę. Nogi powinny zwisać jak najbardziej wydłużone po bokach konia.

Dosiad widłowy

W tym przypadku jeździec wypycha biodra do przodu i praktycznie siedzi na nogach (jak na rysunku 8b). Nie jest bezpieczny. Jeśli ciężar przeniesiony jest na przód środkowej linii, koń może z łatwością wysadzić jeźdźca z siodła, zatrzymując się gwałtownie lub pociągając za wodze. Jeździec ma słaby kontakt z siodłem. Kąt ciała jest nieprawidłowy. Jeździec nie jest w stanie rozluźnić się i podążać za rytmem konia. Dosiad ten często spowodowany jest zbyt długimi strzemionami.

Dosiad fotelowy

Jest to przeciwieństwo dosiadu widłowego, ponieważ jeździec przenosi ciężar ciała za kości kulszowe, w pobliże kości ogonowej. Nogi przesuwają się do przodu, jakby jeździec siedział w fotelu, i nie zwisają prawidłowo po bokach konia (patrz rysunek 8c). Ciężar ciała jeźdźca powinien być częściowo przeniesiony na nogi, ale przy tym dosiadzie cały opiera się na siodle. Jeździec musi opierać się jedynie na górnej części ciała, aby utrzymać równowagę. Ciężar ciała znajduje się poza pionową linią, zatem jeździec z łatwością może przechylić się do tyłu. Dosiad ten sprawia, że jeździec nie czuje się pewnie i używa wodzy, aby się na nich oprzeć. Ten błąd dosiadu mogą powodować zbyt krótkie strzemiona.

Poproś kogoś, aby na ciebie popatrzył

Poproś kogoś, aby spojrzał na ciebie z boku i z tyłu, gdy będziesz jeździć, i sprawdził, czy siedzisz prawidłowo, zachowując równowagę, jak na rysunkach 6 i 8a. Praktycznie niemożliwa jest ocena, czy siedzi się prawidłowo, bez czyjejś pomocy, ponieważ przyzwyczajasz się do danej pozycji, nawet jeśli jest nieprawidłowa, a twoje ciało dawno temu mogło niezauważalnie skompensować brak równowagi.

Ciężar głowy

Wielu jeźdźców patrzy w dół podczas jazdy, przeważnie, aby sprawdzić, co robią ich konie. Ponieważ jesteśmy przyzwyczajeni do spoglądania w dół, nie zwracamy na to uwagi. W rzeczywistości jednak głowa waży ponad siedem kilogramów, kiedy zatem spoglądamy w dół, poważnie zaburzamy równowagę swoją i konia. Umieszczamy dodatkowy ciężar na przodzie konia, tym samym dodając go tam, gdzie chcielibyśmy, aby był mniejszy.

Technika Alexandra[9] stanowi niezrównaną pomoc w poprawie równowagi człowieka, także jako jeźdźca. Staje się ona coraz bardziej popularna i dostępna, warto więc się nią zainteresować.

---

[9] System ćwiczeń tworzony przez australijskiego aktora F.M. Alexandra, mający na celu osiągnięcie rozluźnionej, sprężystej i elastycznej postawy oraz równowagi ciała i ducha.

Rozdział XII

Równowaga konia

Jak zapewne zdążyłeś zauważyć, podstawową różnicą pomiędzy koniem a człowiekiem jest to, że koń ma cztery nogi, a człowiek dwie! W związku z tym inne czynniki wpływają na równowagę konia, a inne – człowieka. Człowiek, aby zachować równowagę, musi rozłożyć ciężar równomiernie na dwóch nogach, koń zaś na czterech. Pomińmy równowagę boczną konia, czyli rozłożenie ciężaru na lewą i prawą stronę. Najważniejszym zagadnieniem jest równowaga przód-tył, czyli rozłożenie ciężaru między przednimi a tylnymi nogami.

Aby zachować równowagę, koń powinien rozłożyć ciężar równomiernie na przednie i tylne nogi. Zazwyczaj jednak koń o wiele większy ciężar przenosi na przód, nie tracąc przy tym równowagi. Ponieważ ma cztery nogi, nie przewróci się, bez problemu więc może nierównomiernie rozmieszczać ciężar ciała. Jednak sprawia to, że staje się nieporadny i niewłaściwie ćwiczy. Jednym z najważniejszych zadań, jakie stają przed jeźdźcem, jest nauczenie konia rozłożenia ciężaru równomiernie na przednie i tylne nogi.

Istnieją trzy przyczyny przenoszenia przez większość koni zbyt dużego ciężaru na przednią część ciała. Po pierwsze, łopatki, najcięższe części szkieletu, znajdują się tuż nad przednimi nogami. Po drugie, przednie nogi utrzymują głowę i szyję, które także są ciężkie. Po trzecie, ciężar jeźdźca umieszczony jest niemal nad przednimi nogami (siedzenie bardziej z tyłu obciążyłoby zbytnio kręgosłup konia). Aby skorygować to zakłócenie równowagi, musimy nauczyć konia przenosić ciężar w większym stopniu na tylne nogi. Nie jest to łatwe dla konia i będzie nam trudno go tego nauczyć.

Przekonaj się sam

Jeśli chcesz się dowiedzieć, jak czuje się koń z dodatkowym obciążeniem na przednich nogach, stań na czworaka, oprzyj pięści na podłodze i idź na stopach i dłoniach niczym czworonożne zwierzę. Zdaję sobie sprawę, że twoje „przednie nogi" są o wiele krótsze niż „tylne nogi". Chodząc w ten sposób przenosisz na przód o wiele większy ciężar niż koń. W tej pozycji (rysunek 9) jesteś bardzo nieudolny, bo na dłonie, w porównaniu ze stopami, przeniesiony jest ogromny ciężar. Mimo że taka pozycja wyolbrzymia sytuację, daje ci to pewne pojęcie, jak czuje się koń. Niewyobrażalny byłby skok przez przeszkodę czy elegancki chód przy takim ustawieniu ciała.

Zostań na czworaka. Zamiast stać na wyprostowanych nogach, stopniowo uginaj je, jednocześnie przesuwając stopy bliżej środka ciała. Czy zauważyłeś, jak zmniejsza się nacisk na twoje dłonie, a równocześnie „tylne nogi" przejmują większy ciężar? Spójrz na rysunek 10, o ile obniżają się plecy, gdy przesuniesz stopy dalej pod siebie.

Twoje dłonie powinny być teraz lżejsze i bardziej swobodne – gdybyś był koniem, byłbyś teraz zdolny wykonać skok. Teraz obniż plecy i przesuń stopy jeszcze bardziej pod siebie. Dłonie powinny stać się jeszcze mniej obciążone, jak na rysunku 11.

Kiedy obniżasz plecy, przenosisz ciężar ciała na nogi. W ten sam sposób koń musi nauczyć się obniżać zad, aby przenieść ciężar ciała w większości na tylne nogi. Kiedy przesuniesz nogi pod siebie i zegniesz kolana (odpowiednik końskich stawów skokowych), oznacza to przeniesienie większego ciężaru na nogi, mniejszego zaś na ręce. W ten sam sposób koń musi nauczyć się zginać stawy skokowe i podstawiać tylne nogi bardziej pod siebie. Łącząc te wszystkie ruchy – obniżając grzbiet, uginając nogi i przesuwając je bardziej pod siebie – zmniejsza ciężar, z jakim musi uporać się przód, i zwiększa ten na tylnych nogach.

Rys. 9.
Na czworaka

Rys. 10.
Podsuń stopy pod siebie

Rys. 11.
Przesuń nogi jeszcze głębiej pod siebie

Gdy już wykonałeś to ćwiczenie, w którym udawałeś, że jesteś koniem, jesteś w stanie sobie wyobrazić, o ile wydajniej może trenować koń, który odciąży przód. Wiesz, jak nieporadnie czułeś się chodząc na czworaka. Mam nadzieję, że dzięki temu przekonałeś się, jak możemy ułatwić naszemu koniowi pracę, ucząc go obniżać zad, zginać stawy skokowe i podstawiać tylne nogi pod siebie. Będąc w tej pozycji zapewne zauważyłeś, że powoduje ona napięcie ud i łydek. Pozycja ta jest dla konia równie trudna co dla nas i potrzeba wiele godzin ćwiczeń, zanim koń stanie się dość silny, aby był w stanie sobie z nią poradzić.

Zapewne spotkałeś się wielokrotnie z takimi określeniami, jak: „obniżenie zadu", „zaangażowanie zadu" czy „zaangażowanie stawów skokowych". Mam nadzieję, że teraz nabrały dla ciebie większego sensu.

Kształt końskiego kręgosłupa

Większość naszego szkolenia ma na celu poprawę równowagi konia. Posługujemy się ćwiczeniami, które zachęcają konia, aby podstawił zad pod siebie. Ćwiczenia te także zaokrąglają i rozciągają jego grzbiet. Ilość ćwiczeń, konieczna do poprawy równowagi twojego konia, będzie zależała w większości od „materiału wyjściowego", z którym przyjdzie ci pracować.

Koń dobrze zbalansowany

Niektóre konie otrzymały w darze od losu wrodzoną naturalną równowagę. Mają giętki grzbiet, a zad niżej niż łopatki. Poruszają się lekko i z gracją. Kopyta delikatnie dotykają ziemi. Widać wyraźnie, że nie są obciążone. Tylne nogi są cofnięte pod konia, a każdy krok emanuje siłą. Tworzy to harmonijny, piękny obraz. Przyjrzyj się sylwetce konia na rysunku 12. Kręgosłup konia od punktu między uszami do ogona ma prawidłowy kształt. Dzięki temu możliwe jest podstawienie jego tylnych nóg i podniesienie przodu. Kręgosłup tego konia wygląda tak, jak przedstawiono na rysunku 13.

Rys. 12. Dobrze zbalansowany koń

Rys. 13. Kręgosłup dobrze zbalansowanego konia

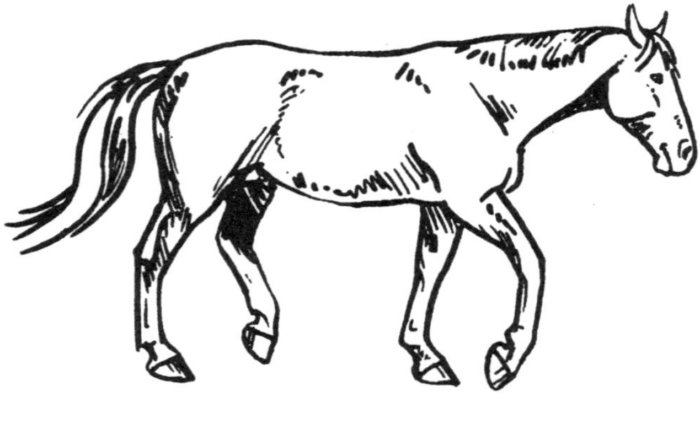

Rys. 14. Źle zbalansowany koń

Koń źle zbalansowany

Porównaj to teraz z koniem, którego ciało jest niemal wygięte w stronę jego przodu, jak na rysunku 14. Grzbiet jest sztywny i prosty, tylne nogi prawie wcale nie są przesunięte pod konia, nos skierowany jest do przodu. Widzisz, że większa część ciężaru konia znajduje się nad jego przednimi nogami. Gdy przednie kopyta konia dotykają ziemi, sprawiają wrażenie ciężkich. Wyobraź sobie, o ile większe obciążenie muszą znieść przednie nogi tego konia w porównaniu z nogami konia dobrze zbalansowanego. Każde ćwiczenie to dla takiego konia ogromny wysiłek. Jego ciało opada w dół od tyłu w przód, odwrotnie niż w przypadku poprzedniego konia, którego przód znajduje się wyżej niż tył.

Grzbiet wklęsły (łękowaty)

Jest też inny typ konia, skoro już mowa o równowadze, którego grzbiet ma nieprawidłowy kształt – zbyt wklęsły. Ma głowę uniesioną wysoko, szyja musi dostosować się do wklęsłego kształtu grzbietu. Jego chód może być skrócony, zad i ogon wysoko. Tylne nogi są ledwie przesunięte pod konia. Spójrz na rysunek 15. Zazwyczaj koń o takiej sylwetce ma obciążony przód. Chociaż niektóre konie, na przykład araby, trzymają głowę uniesioną tak wysoko, że przenoszą część ciężaru do tyłu, na zad. Ich dumna, arogancka postawa jest piękna, a chód lekki, jakby unosiły się nad ziemią. Są silne, wiele z nich doskonale skacze, choć nie wykorzystują w pełni swoich możliwości. Nie zrobią większych postępów, o ile nie uda się ich przekonać do zmiany ustawienia kręgosłupa. Niektóre skaczące kuce utrzymują podobną postawę, choć one akurat osiągają niewiarygodne wyniki.

Wklęsły kształt kręgosłupa oznacza, że tylne nogi wystają za konia. Konie te nie są w stanie obniżyć zadu bez zmiany ustawienia grzbietu. Przyjrzyj się, jak wysoko w górę uniesiony jest

Rys. 15. Łękowaty grzbiet

Rys. 16. Kręgosłup konia o łękowatym grzbiecie

zad i ogon takiego konia. Przyczyną tego jest łękowaty grzbiet (rysunek 16).

Główną wadą konia o takim kształcie kręgosłupa jest to, że nie można prawidłowo założyć mu wędzidła. Z powodu kąta ustawienia głowy i szyi wędzidło opiera się na wargach lub pomiędzy zębami trzonowymi, zamiast na kącikach pyska[10]. Oznacza to, że nie ma pełnej możliwości kontrolowania konia. Skręcenie w prawo lub w lewo nie przysporzy trudności, ale można mieć

[10] Prawidłowo założone wędzidło działa na język, bezzębną krawędź żuchwy, podniebienie i kąty pyska konia.

problem z zapanowaniem nad szybkością, z jaką koń idzie. Nie będziesz w stanie go zatrzymać. Będziesz zdany na łaskę jego usposobienia[11].

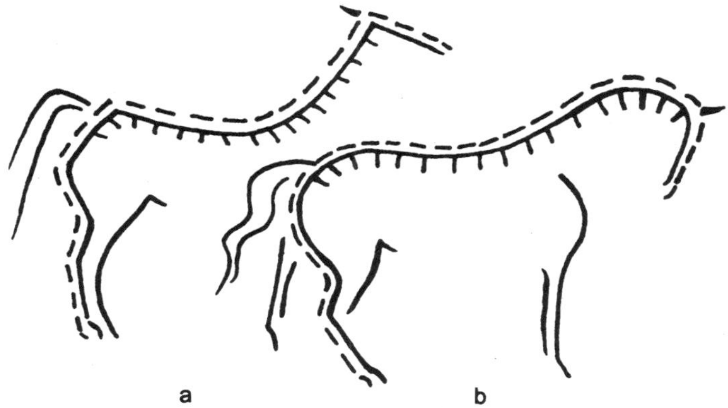

Rys. 17.

Rozciągnięta linia szczytowa

Spójrz na rysunek 17. Na rysunku (a) kręgosłup konia jest wklęsły. Na rysunku (b) kręgosłup jest wypukły, taki, jaki powinien być. Jeśli mielibyśmy zmierzyć długość kręgosłupa na rysunku (a) i porównać z długością kręgosłupa na rysunku (b), okazałoby się, że na rysunku (b) kręgosłup byłby dłuższy – mimo że mowa o tym samym koniu. Kręgosłup na rysunku (a) jest ściśnięty, a na rysunku (b) wypukły i rozciągnięty, a przez to dłuższy.

[11] Jest to znaczne uproszczenie ze strony autorki. Wędzidło jako narzędzie komunikacji człowieka z koniem wymaga używania go z wyczuciem i delikatnością. Wiele osób niestety uznaje, że jest to najlepszy sposób kontrolowania konia, który im bardziej niesforny – tym należy zastosować ostrzejsze wędzidło. Prawidłowo ułożony koń, którego dosiada dobry jeździec, umiejący korzystać ze wszystkich pomocy, nie potrzebuje tak ostrych bodźców.

Kiedy szkolisz konia, wyobraź sobie linię idącą od nosa do punktu między jego uszami, dalej przez szyję i grzbiet, i w końcu w dół po tylnych nogach. Musimy postarać się, aby linia ta stała się jak najdłuższa. Dzięki ćwiczeniom rozciągającym ją w różnych miejscach, takich jak szyja, grzbiet czy nogi, koń staje się bardziej elastyczny wzdłuż całej tej linii. Dzięki rozciągnięciu kręgosłupa koń może bardziej podstawić tylne nogi pod siebie, co spowoduje, że będzie mógł przenieść na nie większy ciężar.

Trafnym porównaniem z ciałem człowieka jest giętkość naszego kręgosłupa. Jeśli dotkniesz podłogi palcami rąk, poczujesz, jak tylna część twoich nóg rozciąga się, a nawet boli, w zależności od twojej gibkości. Jeśli codziennie będziesz wykonywał to ćwiczenie i przesuwał granice swoich możliwości, wkrótce nie będzie ci to sprawiało trudności. Do tego właśnie chcielibyśmy przekonać konia – nie, by dotykał podłogi, ale rozciągnął kręgosłup!

Rozciąganie mięśni szyi i grzbietu – żucie wodzy z ręki

Najpierw pomagamy koniowi rozciągnąć kręgosłup, pozwalając mu „żuć z ręki". Koń zaokrągla się, zniżając szyję, jeździec zaś przez cały czas utrzymuje kontakt i pilnuje, aby nos konia nie cofał się za pionową linię, prostopadłą do podłoża. Rozciąga to szczególnie przednią część kręgosłupa – szyję, ale również jednocześnie cały kręgosłup. Następne ćwiczenia opierają się w większości na ruchach, które zachęcają konia do podstawienia zadu, aby rozciągnął tylną część kręgosłupa i tylne nogi. Rozciągnięcie dowolnej części linii szczytowej bardziej niż zwykle wpływa na całą linię szczytową, a koń czuje, jakby rozciągana była całość. Możesz się o tym przekonać, kiedy każesz koniowi zrobić przejście, szczególnie do galopu. Koń może iść prawidłowo, ale w chwili przejścia będzie chciał podnieść głowę. Dzieje się tak, ponieważ jeśli przejście wykonywane jest prawidłowo, powoduje rozciągnięcie części linii szczytowej, odcinek obejmujący zad i tylne nogi, gdy koń wykonuje krok pod swój środek ciężkości. Jeśli jest niewystarczająco elastyczny w obrębie linii szczytowej, podniesie głowę, aby zwolnić przedni odcinek, by móc rozciągnąć inną część, tj. tę, która biegnie przez zad i stawy skokowe.

Chody wyciągnięte

Jeśli każesz koniowi wydłużyć krok, także spowoduje to rozciągnięcie linii szczytowej. Jest to spowodowane tym, że koń, aby wydłużyć krok, musi bardziej podstawić zad. Jeśli koń „żuje z ręki", ale ledwie radzi sobie z rozciągnięciem, jakiego to wymaga, o wiele łatwiej będzie mu w stępie. Jeśli każesz mu iść stępem wyciągniętym, będzie mu trudniej żuć z ręki, ponieważ dodatkowy ruch do przodu zmusza stawy skokowe do przeniesienia ich dalej pod tułów. Rozciągasz w ten sposób linię szczytową zarówno z przodu, jak i z tyłu. Jeśli każesz mu następnie przejść do kłusa, o ile kłus jest wyciągnięty, rozciągnie to linię szczytową jeszcze bardziej. W galopie widać to jeszcze lepiej. Ma to miejsce szczególnie podczas skoku. Koń musi znacznie podstawić zad pod siebie, aby oderwać ciężar swojego ciała od ziemi. O ile nie jest bardzo elastyczny w linii szczytowej, potrzebuje dużo swobody ruchu głowy i szyi, aby się odbić.

Powróćmy teraz do porównania pomiędzy dobrze a źle zbalansowanym koniem. Niewiele koni jest naprawdę dobrze zbalansowanych – większość z nich w większym lub mniejszym stopniu przenosi ciężar ciała na przód. Wybierając konia postaraj się o dobrze zbalansowanego. Zaoszczędzi to wam obojgu wiele pracy w przyszłości.

Z koniem mającym łękowaty grzbiet jest nawet więcej pracy. Jak większość koni, które pracują nieprawidłowo, w ogóle mu to nie przeszkadza i nie jest skłonny nic zmienić. Wydaje się, że większość pracy, którą z nim wykonujesz, sprawia, że staje się słabszy. Pozbawiasz go jedynej dobrej strony jego postawy, mianowicie trzymania głowy wysoko, każąc mu opuścić głowę i żuć z ręki. Jest to zniechęcające dla was obojga, jako że przez długi czas koń będzie gorzej pracował i skakał oraz mniej płynnie poruszał. Dopiero kiedy osiągnie punkt, w którym jego grzbiet stanie się zaokrąglony i rozciągnięty, a zad bardziej podstawiony pod tułów, oboje poczujecie płynące ze zmiany korzyści.

Rys. 18.
Powyżej: Złap równowagę opierając się dłońmi o ścianę.
Obok: Ściana jest zbyt daleko, więc musisz przestawić jedną nogę do przodu.

Ściana

Kiedy koń jest źle zbalansowany, wielki ciężar przedniej części ciała zmusza go do opuszczenia pyska do ziemi. Tak jak ty czułeś się ciężki i nieporadny na czworaka, tak koń jest ciężki i nieporadny, gdy ma obciążony przód. Ciężar, który pcha go do przodu, sprawia, że trudno mu kontrolować prędkość, z jaką się porusza. Jak już wiemy, aby odnaleźć właściwą równowagę, powinien on podstawić zad pod tułów. Ale ponieważ sprawia mu to trudność, wybiera łatwiejsze rozwiązanie i pozostaje źle zbalansowany. Dla niego jest to naturalny i właściwy sposób poruszania się. Jeśli będziesz próbował kontrolować prędkość napinając bardziej wodze, koń przyjmie to z radością i „oprze się" na wodzach. Pomagają mu one podtrzymać ciężar przedniej części ciała. Twoje ręce ułatwiają życie jemu, ale nie tobie! Po chwili zaczną cię boleć ręce, a koń nigdy nie będzie dobrze zbalansowany, dopóki zapewniasz mu takie oparcie.

Aby zrozumieć, jak koń się czuje w takiej sytuacji, stań w odległości mniej więcej metra od ściany. Pochylaj się w stronę ściany. Co instynktownie robisz, aby się nie przewrócić? Wyciągasz ręce i opierasz je o ścianę.

Cofnij się o krok. Znów pochylaj się coraz bardziej w stronę ściany. Przewracasz się, ale ściana jest zbyt daleko, żebyś mógł jej dosięgnąć. Co tym razem podpowiada ci instynkt? Wystawiasz nogę do przodu, aby się podeprzeć i nie przewrócić, jak na rysunku 18.

Ściana działa bardzo podobnie do mocno zebranych wodzy. Koń to wykorzystuje, gdy ma okazję. Jeśli pozbawisz konia tego oparcia, będzie musiał podstawić tylne nogi pod siebie, aby nie przewrócić się do przodu.

Istnieje wiele ćwiczeń, które mogą pomóc w rozciągnięciu ciała konia i bardziej podstawić zad, ale pierwszą rzeczą, jaką musisz zrobić, jest pozbawienie go oparcia wodzy. Musisz zmusić go, aby sam utrzymywał swój ciężar i nie pozwolić mu „wisieć na wodzach". Twoją natychmiastową reakcją może być: „Ale jeśli nie będę trzymać mocno wodzy, koń poniesie albo będzie szedł szybciej, niż chcę". Zamiast utrzymywać silny kontakt, gdy przyspieszy, zamknij dłonie mocno na wodzach, usiądź głęboko i dociśnij łydkami (wykorzystując wszystkie pomoce mające zmusić konia do przejścia o stopień w dół). Kiedy zwolni, rozluźnij kontakt. Jeśli nie zwolni, użyj powyższych pomocy jeszcze mocniej. Nigdy nie utrzymuj skróconych wodzy po tym, jak koń zwolnił. Gdy koń zacznie iść pożądanym przez ciebie tempem, zwolnij nieco kontakt. Jeśli znowu przyspieszy, co się zapewne zdarzy, powtórz proces. Prawdopodobnie będziesz musiał powtórzyć ten proces wielokrotnie, zanim koń zrozumie, czego od niego oczekujesz i zechce podjąć wysiłek utrzymywania własnego ciężaru.

Łatwiej jest wykonywać powyższe ćwiczenia na ograniczonej przestrzeni, np. na ujeżdżalni lub maneżu. Koń będzie wiedział, że ogrodzenie oznacza, iż będzie musiał kontrolować swoją prędkość, aby nie wpaść na nie – czego raczej nie będzie chciał zrobić. Oznacza to także, że ty, jako jeździec, będziesz mógł odprężyć się w bardziej bezpiecznym otoczeniu.

Spis treści